暗殺の日本近現代史

幕末維新から令和の安倍元首相銃撃事件まで

一坂太郎

青志社

暗殺の日本近現代史　目次

第三章　大正時代の暗殺　129

第四章　昭和の暗殺事件（戦前）　

第五章　昭和の暗殺事件（戦後）　213

ブックデザイン　塚田男女雄（ツカダデザイン）

序章　安倍晋三元首相銃撃事件

「バーン」

重苦しく弾けるような爆発音とともに、白煙が上がった。参院選の応援演説中だった安倍晋三元首相は、音がした後方を一瞬振り返ろうとした。その瞬間、再び、

「バーン」

発せられた銃弾が、安倍晋三（敬称略・以下同）の左上腕部に当たる。その場に倒れた安倍は心肺停止となり、再び起き上がることはなかった。享年六十七。

令和四年（二〇二二）七月八日午前十一時三十一分ころ、奈良県の近鉄大和西大寺駅北口で起こった、安倍晋三銃撃事件である。この国で首相経験者が暗殺されたのは、昭和十一年（一九三六）の「二・二六事件」での高橋是清・斎藤実以来だった。

あらためて言うまでもないが、当時の安倍晋三は山口県四区選出の自民党所属の衆議院議員で、党内最大派閥のリーダーである。

平成五年（一九九三）、衆議院議員に初当選した安倍晋三は同十八年、五十二歳で内閣総理大臣となった。これは、戦後最年少の総理就任だった。しかし、一年ほど後、参院選惨敗の責任や体調の問題などで辞任する。

ところが平成二十四年、再び総裁選に出馬した安倍晋三は、総理の椅子に座った。しかも、今度は体調不良を理由に退任するまで、三千百八十八日という、憲政史上最長の記録を作る。

撃ったのは山上徹也、四十一歳。その場で奈良県警に取り押さえられ、殺人未遂の現行犯で逮捕された。

やがて、山上が犯行に及んだのは、旧統一教会（世界平和統一家庭連合）に対する激しい憎悪が理由だったことが、明らかになってくる。山上の母はこの教団の熱心な信者で、合計一億円もの献金を行っていた。そのため山上の家庭は崩壊し、その人生も目茶苦茶になっていった。

この教団と安倍晋三は、少なからぬ関係があったようだ。令和三年九月には教団関連のイベントに、安倍晋三はにこやかに、ビデオメッセージを寄せている。だから山上は、安倍晋三に殺意を抱いたようだ。

しかし、教団とのよろしくない特別な関係は、安倍晋三だけではなかった。暗殺事件を

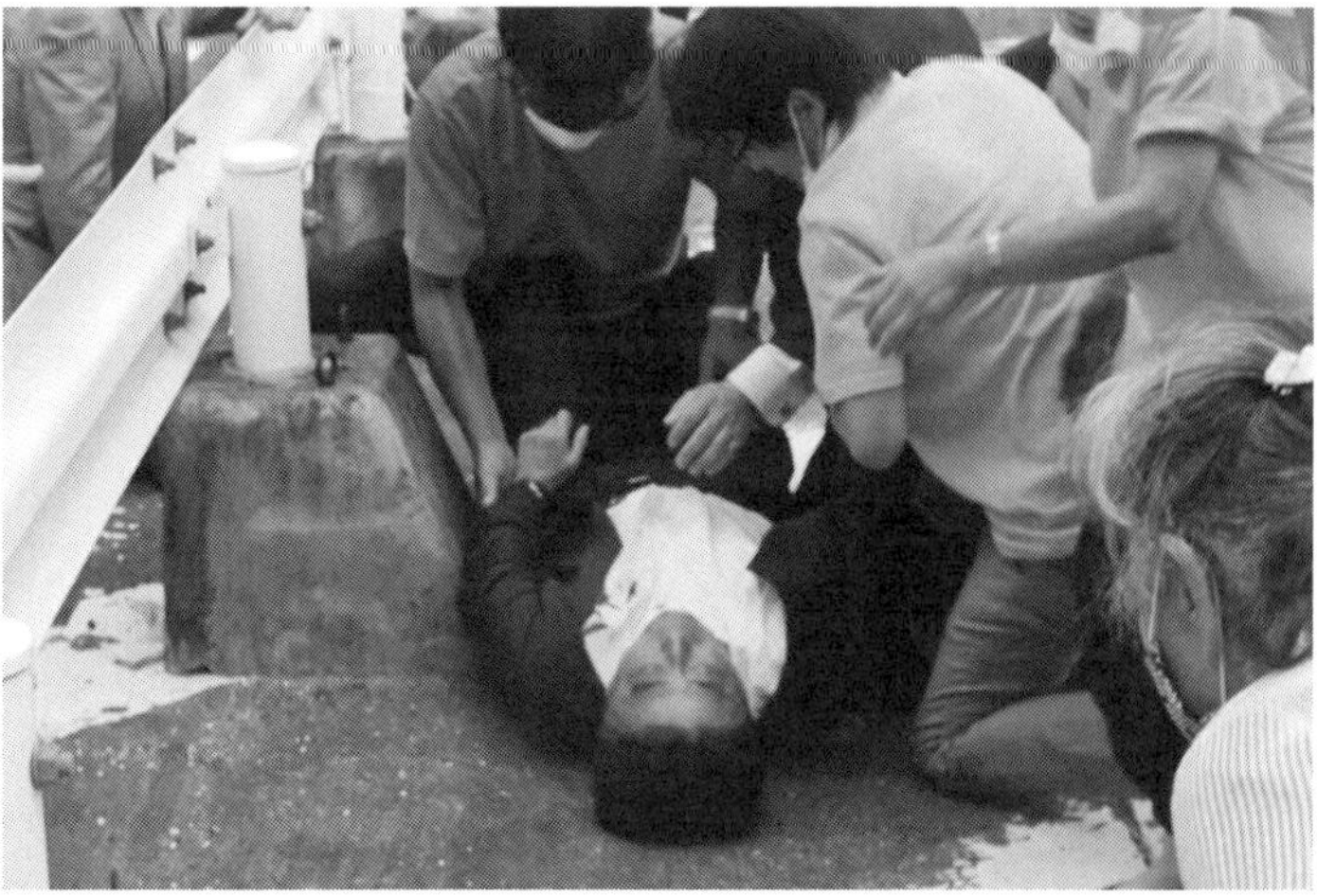

令和4年7月8日午前11時31分ごろ遊説先の奈良において銃撃され死亡。

きっかけに、特に政権与党である自民党議員が教団に選挙の協力を依頼していたなどの事実が次々と表面化し、大きな社会問題と化してゆく。

テロや暗殺は民主主義に対する挑戦であり、許される行為ではない。それに異論はないが、特定の宗教と政治の異様な関係は別問題として、究明されなければならないだろう。暗殺によって、あぶり出された問題は、決して小さくはない。

この教団の本部は韓国にあり、日本の信者からの献金は、韓国にある教団の関係企業に流れていた。教団創設者の文鮮明は、かつて大日本帝国が韓国に対して行った植民地政策に対する贖罪の意味から、過剰とも言える献金は、日本の当然の役目だと説いていた。

そうした考えとは最も相容れないはずの与党議員が、平然と協力関係を築いていたのは、みずからの利益優先しか考えていなかった証しだ。

安倍晋三銃撃の瞬間を、たまたま一般人が撮影しており、その生々しい映像はたちまちネットやテレビで世界中に流れて、見る者に大きな衝撃を与えた。そして、かつての日本は「テロ国家」だったが、それは現在進行形でもあると、思い知らされた。

現代において、テロや暗殺は「悪」だと決められている。だから「テロ反対」「暗殺許すまじ」なとと言えば、手っ取り早く「正義」側に立てるという便利さがある。

安倍晋三もまた、そのような発言をたびたび行っていたと記憶する。あるいは安倍晋三の脳裏には六〇年安保闘争の頃、首相だった外祖父の岸信介が右翼に刺されて負傷した恐ろしい記憶が、残っていたのかも知れない。果たして、自身が暗殺で斃れるなどと、想像出来ただろうか。

安倍晋三が「尊敬する人物」として名を挙げていたのが、彼の選挙区の山口県では一番の偉人として扱われる吉田松陰である。東京での国葬に続き十月十五日、下関市で行われた安倍晋三の山口県民葬で、村岡知事が読んだ追悼の辞の中には、

「先生は尊敬される吉田松陰先生のように、たくさんの人々の心に、多くの種を蒔いてゆか

れました」

とあり、松陰と安倍晋三を重ねていた。翌五年七月二十三日に山口県長門市で行われた納骨式の後の式典で、昭恵夫人は、

「主人は吉田松陰先生を尊敬していた。去年4月に主人が書いた『至誠』という大きな書がある……決してあきらめることなく、誠を尽くせばどんなことでも道は開ける……」（『朝日新聞・山口版』令和五年七月二十四日）

などと、挨拶している。

幕末の長州萩で松下村塾を主宰し、尊攘論を唱えた吉田松陰の名を、山口県の政治家や実業家たちは「尊敬する人物」として、必ずと言っていいほど挙げる。単純に神格化され、ブランド化している感も否めない。

ただ、皮肉なことに松陰は暗殺で権力者を除くことを、否定していない。むしろ積極的に暗殺を行い、みずからの「至誠」や「志」を貫こうとして、生命を縮めてしまった。

それを矛盾と言うならば、「時代が違う」「立場も違う」と反論すれば済むことだと思う。ところが地元では政治的圧力による松陰という「歴史」の評価を「統一」、「歴史修正」することに懸命になっていた（拙著『吉田松陰190歳』令和元年）。

長期にわたる安倍政権の中でクローズアップされた語に、「忖度《そんたく》」というのがある。いま

から思うと、これも馬鹿げた「忖度」のひとつだったのかも知れない。後世に恥を残した、見本のような話である。

私は、暗殺を唱えた松陰を非難しているわけではない。暗殺を企んだ松陰を、暗殺された安倍晋三が尊敬していても、何の矛盾も感じない。武士たちは戦争や暗殺を、問題解決のための手段と考えていた。「志」を遂げるための選択肢のひとつとして、暗殺があった。しかし、武士階級が無くなった近現代でも、暗殺事件（未遂も含む）がたびたび起こるのはなぜだろう。

現代では大っぴらに、暗殺の肯定など出来ない。岸信介が襲撃された時、作家の三島由紀夫は暗殺を堂々と肯定する発言をしているが、いまなら非難を受けそうだ。

果たして、人間社会の中で暗殺が絶滅する日など、訪れるのだろうか。表向きは否定したところで、人々の心の中には完全に否定し切れない、何かがある気がしてならない。

暗殺を行った者に対する共鳴も、決して消えてはいない。それどころか、すべてではないにしろ、小説・マンガ・映画・演劇、あるいはゲームの世界では、暗殺者はヒーロー扱いである。暗殺者として散った者たちの墓前祭も、各地で行われている。幕府政権の崩壊に役立った暗殺者たちを、明治政府は顕彰《けんしょう》した。安倍晋三銃撃事件にしても、百年後の日本でどのように評価されているのかは、誰にも分からない。

本書は、決してテロや暗殺を肯定するものではない。しかし、暗殺の歴史は封印して良いものではない。「日本暗殺史」に新たな一ページが加わってしまった昨今ならば、なおさらである。安倍銃撃事件から一年余り経ったいま、善悪ではなく、なぜ、この国で暗殺事件が起こり続けたのか、どのように語り継がれて来たのかを考える一助はなればと願いながら、書き進めたい。

第一章　幕末維新期の暗殺

本章では、近現代への助走ともいうべき幕末維新期に起こった主な暗殺事件（未遂も含む）を見ておきたい。

嘉永六年（一八五三）六月三日、アメリカ合衆国のマシュー・C・ペリー提督率いる四隻の黒船艦隊が江戸湾・浦賀沖に来航した。これが「幕末」の始まりとされている（異説あり）。以後、二十数年の間に日本国内で起こった暗殺事件は、おそらく百件を越えるだろう。

今日では近代化の出発点などと美化されがちな幕末維新期は、実は「暗殺の時代」だった。そして鎖国政策が解かれ、来日するようになった外国人たちを恐怖のどん底に叩き落し、日本は「テロ国家」であると広く世界に伝えられてゆく。

では、それ以前の日本も「テロ国家」だったのかと言えば、それは違う。もちろん、政治的な問題を「暗殺」で解決しようとする者が、皆無だったわけではない。しかし、毎月のように暗殺事件が起こる、異常な国では無かった。

条約締結交渉の席でペリーは、日本は人命を軽視する不仁《ふじん》の国だと、開戦をちらつかせながら迫る。そもそもペリーは日本を「半開国」だと、馬鹿にしていた。

だが、応対した幕府側の林大学頭（復斎《ふくさい》）はきわめて冷静に、次のように返答する。

「しかし、わが国の政治は、先ほどの話のように不仁なものでは決してない。まず、人命を第一として重んじることについては、日本は他の全ての国に勝っている。そのため、三百年に近い泰平が続いているのである。人命を軽んじるような不仁な政治であったならば、このようにはならないはずだ。泰平が続き、国内が和合しているという、国政の善き様をご覧になるべきであろう」（森田健司『現代語訳　墨夷応接録《ぼくいおうせつろく》』平成三十一年）

人命を重んじたから、国内が和合し、徳川政権は二百六十年続いたとする林の言は、説得力がある。それが、「幕末維新」の期間に「テロ国家」に急変したのは、なぜだろう。

一　開国と暗殺

水戸発の尊攘論

幕末以降に起こった数々の暗殺事件（未遂も含む）を考える時、水戸学の影響を無視することは出来ない。

徳川御三家のひとつ水戸藩では藩主徳川光圀《みつくに》（義公《ぎこう》）の提唱で、明暦三年（一六五七）より『大日本史』の編纂を始めた。

光圀は神代の開闢《かいびゃく》以来の日本史に、神国思想という一本の背骨（国体《こくたい》）を通す。神の子孫である天皇が統治する日本は最も優れている国で、だから世界を支配するのだと言う。これが水戸学の「尊王」「勤王」である。

それから百年余りが経ち、十八世紀の終わりになると、太平洋に面して一三〇キロメートルにもわたる海岸線を持つ水戸藩では、沖に西洋の捕鯨船などが目撃されるようになった。漂流民が流れ着く事件も起こる。

水戸の武士たちは西洋列強の目的は、侵略だと見た。だから、西洋を打ち払えとの「攘夷論」が盛んになる。

幕末の藩主徳川斉昭《なりあき》（烈公《れっこう》）は国体論の「尊王」と国防論の「攘夷」を合わせて「尊王攘夷」、略して「尊攘」と呼び、後期水戸学の柱とした。

外圧の問題が大きくなると、水戸発の尊攘論が全国に波及してゆく。さらに孝明天皇が開国に勅許を与えなかったことで、尊攘論は政治的な幕府攻撃の大義名分として使われるようになった。

水戸学のバイブルとして広く読まれた会沢正志斎《あいざわせいしさい》『新論』の巻頭では、天皇を戴く日本国

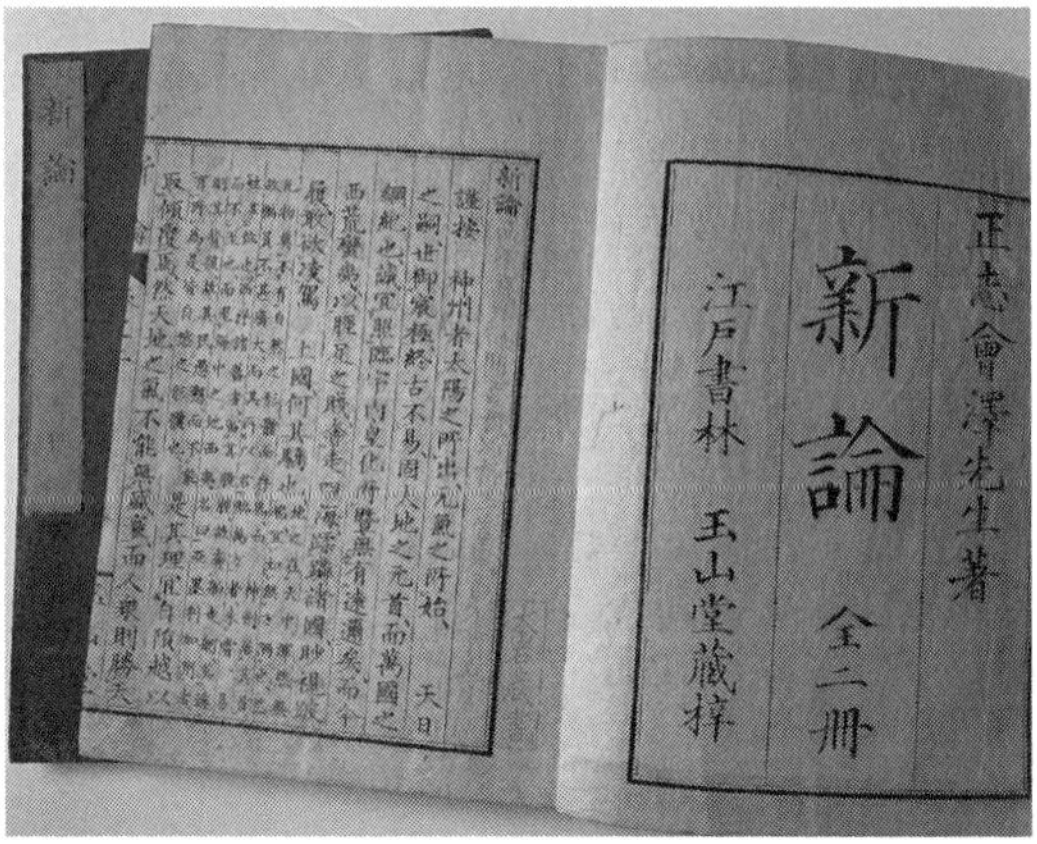

後期水戸学のバイブル『新論』（著者蔵）。

が世界の頂点に君臨する理由を、次のように説明する。

「謹んで思うに、神国日本は太陽のさしのぼるところであり、万物の生成する元気の始まるところであり、日の神の御子孫たる天皇が世々皇位につきたもうて永久にかわることのない国柄である。本来おのずからに世界の頭首の地位にあたっており、万国を統括《とうかつ》する存在である。当然にこの世界に君臨し、天皇の御威徳の及ぶところは遠近にかかわりなかるべきものである」（現代語訳。中公バックス『日本の名著29 藤田東湖』昭和五十九年）

これはフィクションであり、宗教だ。宗教が悪いと言うつもりはない。ただ、厄介なのは、神国思想が理解出来ない者に対して、攻撃的なことである。暗殺が頻発したのも、そこに大きな原因があるのではないか。

天皇による世界支配など、現代では誰が見ても不可能な話だろう。だが、太平洋戦争に敗れ、昭和天皇が「人間宣言」を行うまでの大日本帝国では、神国思想を信じない者こそが「非国民」であり、さまざまな迫害を受けることになった。

開国した日本

江戸時代のいわゆる鎖国政策のもと、日本は西洋諸国の中ではオランダとのみ、長崎で交流を続けて来た。

十九世紀になると、西洋で起こった産業革命の波は着々とアジアに押し寄せて来る。「アヘン戦争」でイギリスに敗れた清朝中国は一八四二年、「南京条約」を締結させられ、以後、一世紀にわたり西洋列強の支配を受けるようになった。

このため日本でも、外圧に対する危機感が高まる。そして嘉永六年（一八五三）六月、アメリカのペリー提督率いる四隻からなる黒船艦隊が江戸湾浦賀沖に来航した。ペリーはアメリカ大統領の親書を示し、幕府に開国の実現を求める。

これにより安政元年（一八五四）三月、「日米和親条約」が締結された。ただし、この条約は自由貿易には触れず、下田・箱館での薪水、食料の補給、漂流民保護などを決めたに過ぎない。

つづいて、アメリカ総領事タウンゼント・ハリスが来日し、自由貿易を骨子とした条約の締結を求めた。その結果、幕府はハリスとの間に安政五年六月、勅許を得ないまま「日米修好通商条約」を締結する。

さらに、同年中にオランダ、ロシア、イギリス、フランスとの間にも同様の条約を締結し、日本は全面的に「開国」した。「安政の五カ国条約」である。

これに対し、孝明天皇は激怒した。官民両方からも、激しい非難が沸き起こり、尊攘運動が激化する。

それでも条約にもとづき、安政六年六月二日、国際貿易港として横浜（神奈川）・長崎・箱館が開かれた。だが、尊攘論者たちは次の二点から、開港に激しく抵抗する。

ひとつは、神州の土を異人に汚されたといった、神国思想にもとづくイデオロギー的なもの。いまひとつは、貿易開始により国内の経済に大混乱が生じたこと。物価が急騰したため、庶民の生活を圧迫したのである。

尊攘運動で外国人を追い払い、貿易を中止しなければ、物価が下がらないといった考えが、庶民の間にも広まる。そもそも日本は自給自足が出来る国であり、だから西洋の一方的な事情により、開国する必要は無いというのだ。

外国人に対するテロ

尊攘論者たちは、テロの矛先を来日した外国人とその周辺に向けた。

開港から二カ月も経たない安政六年（一八五九）七月二十七日夜、上陸して横浜で買い物中だったロシア艦の水夫イワン・ソコロフと海軍少尉ロマン・モフェットが、水戸系浪士に襲撃された。ソコロフは即死、モフェットは重傷の後死んだ。

つづいて十月十一日夜には、フランス領事代理の召使いの清国人が、横浜弁天通でふたりの武士に斬殺された。清国人は洋服を着、ブーツを履いていたという。後日判明した犯人は、やはり水戸系の浪士だった。

万延元年（一八六〇）の一月七日、江戸・高輪《たかなわ》の東禅寺に置かれたイギリス仮公使館の通訳だった通称ボーイ伝吉が、浪士に殺された。伝吉はもと紀州の漁師で、漂流のすえ清国で十年ほど暮らした経験があった。

二月五日には、横浜本町通りでオランダ商船の船長二人が、ずたずたに斬られて死んでいた。

九月十七日には、江戸三田の済海寺に置かれたフランス公使館の館員が、門前で武士数人と口論のすえ斬られ、重傷を負った。

十二月五日夜には、日本駐劄《ちゅうさつ》アメリカ総領事ハリスの秘書兼通訳を務めるヘンリー・ヒュースケンが、江戸・麻布薪河岸で刀を振りかざす数名に襲われ、死んだ。犯人は尊攘派の浪士だったと見られるが、ついに分からずじまいだった。

ヒュースケン暗殺事件は、大きな国際問題に発展する。相次ぐ日本における外国人テロに

文久元年5月28日の東祥寺事件。

手を焼いていたアメリカ政府内では、軍事力で日本を威嚇する意見まで出た。

しかし、幕府がアムステルダムに残されたヒュースケンの母親に慰謝料として四〇〇〇ドル、扶助金六〇〇〇ドルの計一〇〇〇〇ドルを支払うことで、一応の決着を見る。

のち、相次ぐ外国人に対するテロ事件の「補償」と、兵庫などの開港延期を受け入れてもらう「見返り」として、幕府は通商条約で決めた輸入税率を二〇パーセントから、最終的には中国なみの五パーセントにまで下げなければならなかった。

尊攘論者たちは、外国を追い出すどころか、テロにより日本を国際社会の中で窮地に立たせていたのである。

もっとも、アメリカ人教師グリフィスは大著『皇国《こうこく》』の中で、幕末維新期に日本で外国人約五十人が暗殺されたのを「暗殺のための暗殺、理由のない襲撃はなかった」と、テロリストたちに理解を示している（牧原憲夫『日本の歴史・十三・文明国をめざして』平成二十年)。

外国公使館まで襲われる

アメリカ総領事ハリスは安政三年（一八五六）七月、伊豆下田の玉泉寺を総領事館とした。これが、日本初のアメリカの公館となる。

つづいてハリスは、政治問題を扱う「公使」を江戸に置く必要を幕府に説く。それから紆余曲折あったが、通商条約の締結後、アメリカはじめ列強の総領事・公使が居住する公館が麻布や高輪の大寺院に設けられ、幕府は諸藩に警衛を任せる。

そのひとつが、イギリス仮公使館となった高輪の東禅寺だった。公使ラザフォード・オールコックは、安政六年五月に着任する。

ところが東禅寺は文久元年（一八六一）五月二十八日午後十一時ころ、有賀半弥ら水戸浪士十四人（異説あり）に襲われた。

オールコックは、霊峰とされた富士山に日本側の反対を押し切り、登った。あるいは天皇がいる、京都に立ち入ろうとした（実現はしなかったが）。そうした不遜な行為が、浪士たちを刺激したのである。

館員はオールコックの他、一等書記官オリファントなど数名だった。警備は西尾・郡山藩の他、幕吏から選抜された番兵が担当していた。

浪士たちは正門から乱入し、ただちに館内に迫ったが、オールコックの寝室が分からず、有賀や古川主馬之介が警固の武士と戦って死んだ。

他の者は退散したが、逃げ切れずに自害したり、捕らえられて斬られたりして、殆ど全滅している。

有賀の懐中から見つかった一書には、

「夷狄の為に、穢《けが》れ候を傍観《ぼうかん》致し候に忍びず」

と、テロに及んだ理由が述べられていた。

この事件は、列強側の態度を硬化させた。

幕府はイギリス側の負傷者二名に対し、一万ドルの賠償金を支払う。さらに、幕府が費用を負担して、北品川の御殿山に、各国公使館を建設することを約束させられた。

なお、明治になると、政府は有賀ら浪士たちの行為を称え、顕彰した。闘死したり、自決した十一人の霊は東京九段下の靖国神社に合祀され、また正五位を追贈されている。

一方、公使館を護り、三十一歳で殉職した幕吏の江幡吉平と馬丁の熊吉には合祀も追贈もなかった。

テロの連鎖

東禅寺のイギリス仮公使館の襲撃事件から一年後の文久二年（一八六二）五月二十九日深夜、同所が再び襲われた。まさに、テロの連鎖である。

この時オールコックは帰国中で、代理公使のエドワード・セント・ジョン・ニールが駐在していた。今回は見張りに立っていたチャールズ・スゥートが重傷を負い、翌朝死亡。海兵隊のリチャード・クリンプス伍長が斬殺された。

厳重な警備のもと、再び行われたテロだけに、列強側は震え上がる。ところが、刺客が館内に侵入した形跡が見当たらない。

それもそのはず、犯人は警備側の松本藩の下級武士で、二十三歳の伊藤軍兵衛だった。伊藤はクリンプス伍長にピストルで撃たれて負傷し、自決しているのが発見された。享年二十三。

このため思想が動機か、計画的だったのか、背後関係があったのかなど、いまなお謎とされる部分が多い。

伊藤の遺骸は小塚原に捨てられたが、大橋陶庵《とうあん》（訥庵《とつあん》の養子）が憐れみ、谷中天王寺の自家の墓地に埋葬してやったという（現在、同所の大橋家墓地に伊藤の墓碑は見当たらず）。さすがに明治政府も靖国合祀はせず、追贈も行わなかった。

そして、幕府はまたも一万ポンド（四万ドル）の償金を支払わされる。さらに、官民双方から多くの反対があったものの（最終的には、天皇も反対の意を伝えて来た）、幕府は御殿山を公使館用地とし、まずはイギリス公使館の建設から始めた。それは一棟二階建ての、豪華な洋館だったという。

ところがほぼ完成した文久二年十二月十二日深夜、高杉晋作をはじめとする長州藩士十三人が忍び込んで放火し、全焼させてしまった。

テロ再発を恐れた列強側は、花見の名所でもあった御殿山の使用を、二度と言い出さなかった。

当初、放火の犯人は不明とされた。しかし明治以後、政府高官となっていた伊藤博文（総理大臣など）や井上馨（外務大臣など）が、若き日の武勇伝として繰り返し語ったため、真相が明かになった。明治日本は、公使館に放火した者が政権トップに就くほど、まだ荒々しい国だったのだ。

なお、伊藤・井上ら五人は焼討ちから半年後の文久三年五月、藩の内命によりイギリス・ロンドンに密航留学している。

二　幕府高官を暗殺

吉田松陰の暗殺論

幕末の長州藩（毛利家・三十六万九千石。外様）は関門海峡で外国艦と砲火を交えたり、京都に攻め込み「禁門の変」を起こしたり、「朝敵」となって二度にわたる長州征討を受けたりと、ひたすら過激に猛進した印象が強い。

だが、かつては幕藩体制に従順な藩であった。ペリー来航時も、積極的に国政に関与することもなく、幕命により大森海岸の警備を担当している。

そこに、水戸発の尊攘論を持ち込んだのが、山鹿流兵学師範の吉田松陰《しょういん》（寅次郎）だった。これを危険視したのが、藩校明倫館の学頭などを務めた大儒の山県太華《たいが》である。松陰は安政三年（一八五六）六月に完成した自著『講孟劄記《こうもうさっき》』をめぐり太華と論争した。その中で、

「天下はひとりの天下なり（天下はすべて天皇のもの）」

と主張する松陰に対し、山県は、

『天下はひとりの天下に非ず、天下の天下なり」

と反論し、大名は将軍の臣下なのだとも言った。また、西洋列強をいたずらに敵視したり、

吉田松陰。

自国の優位のみを主張する考えを、厳しく批判している（『吉田松陰全集・三』昭和十四年）。

松陰は安政元年三月、アメリカ密航を企てるも敗れ、江戸の伝馬町獄に半年ほど繋がれた。その後、故郷萩に送り返され、城下の野山獄に一年数カ月投ぜられた後、実家で謹慎の身となった。ここで松下村塾を主宰し、近隣の後進の指導にあたる。こうして尊攘論が、本州最西端の地に広まってゆく。

松陰が松下村塾で教えた期間は、安政三年三月から約二年十カ月間とされる。この間に教えを受けた塾生は、九十二人が確認されており、うち、武士身分は八三パーセントを占めていた（海原徹『松下村塾の人びと』平成五年）。また、松陰自身が「同志の会所」（安政六年九月十一日、堀江達之助宛、松陰書簡）と呼ぶように、松下村塾は尊攘運動の政治結社的性格が強かった。

松陰は「飛耳長目《ひじちょうもく》」の言を好み、広く情報を集めて行動を起こすよう門下生に説く。ふだんは冷静な情勢判断が出来るのだが、ひとたび情緒不安定になるや、視野が狭隘で思い込みが激しくなり、恐ろしいほど攻撃的になる一面があった。

松陰は自分の志を、外圧の危機から日本を救うことだと言っている。ペリーが来日した際は、その暗殺を企んだこともあった。だが、条約締結後は外国人を暗殺すれば、かえって日本が国際社会の中で窮地に立たされるくらいの認識は持っていた。

それよりも日本が朝鮮半島や大陸に勢力を拡大し、アジアを制するよう唱えた。そうして強国となった暁には日本は、アメリカやロシアと対等な関係を築くことが出来、外圧の危機から逃れられると考えた。そのためには、幕府の改造が必要だった。

勅許を得ずに日米修好通商条約が締結されたと知った松陰は、激怒する。「征夷《せいい》（将軍）は天下の賊」とまで、罵る。

そして局面打開のため、安政五年九月九日、江戸にいる門下生松浦松洞（亀太郎）に手紙を発し、幕閣の実力者である紀州藩付家老水野忠央《ただなか》を暗殺するよう指示した。

「一人の奸猾さへ仆《たお》し候へば、天下の事は定まり申すべく候」

というのが、松陰の暗殺論である。同じ手紙で、蘇我入鹿《そがのいるか》の暗殺により乙巳《いっし》の変（大化の改新）が成功したとし、

「入鹿を誅《ちゅう》した事実を覚え居る人は、一人もなきか」

と嘆く。松陰は暗殺によって局面が打開できると、強く信じていた。

松陰は根っからの、武士である。武士にとり「戦争」も「暗殺」も、問題解決の手段として、現代人が考えるよりもずっと身近にあったのだ。

松陰の老中暗殺計画

孝明天皇は安政五年（一八五八）八月、幕府と水戸藩に勅を下した（戊午《ぼご》の密勅）。条約締結を「軽率の取り計らい」と非難し、幕閣運営を諸大名による合議制とすることなどを求めた内容である。

御三家のひとつとは言え、幕府の頭上を越えて水戸藩という一大名に直接勅が下るなど、前代未聞だ。面目を潰された幕閣の大老井伊直弼は勅の効力を封じ込め、水戸藩に勅の返納を迫った。

さらに大老井伊は責任者の追及に乗り出し、いわゆる「安政の大獄」が起こる。これにより水戸藩関係者や、在野の勤王学者として知られた梅田雲浜《うんぴん》などが捕らえらた。

十月終わり頃、萩で松下村塾を主宰する吉田松陰のもとに、ある噂が伝わって来た。それは、弾圧への反撃として尾張・水戸・越前・薩摩藩の有志が連合し、井伊を暗殺する動きが生じており、長州藩にも協力を求めて来たというのである。実際は四藩の連合など出来ていないのだが、いかにもありそうな話ではあった。

そしてこの情報を、松陰は真に受ける。だが、今から長州が加わっても、勤王の一番槍の手柄は四藩に奪われてしまうとも考えた。

そこで松陰は門下生を巻き込んで、京都で弾圧の指揮を執る老中間部詮勝《まなべあきかつ》と内藤豊後守を暗殺しようと企む。十一月になると、この計画に、岡部富太郎・作間忠三郎・有吉熊次郎など十七名の門下生が賛同した。

松陰は十一月六日、藩政府重役の周布政之助《すふまさのすけ》に手紙で暗殺計画を知らせ、その意義を、

「御当家（長州藩毛利家）勤王の魁《さきがけ》つかまつり、天下の諸藩に後《おく》れず」

と、述べている。

さらに松陰は、重役の前田孫右衛門に手紙を書き、

「クーボール（連射砲の一種）三門・百目玉筒五門・三貫目鉄空弾《てっくうだん》二十・百目鉄玉百・合薬《あいぐすり》五貫目貸し下げの手段の事」

と、暗殺用の武器弾薬を貸して欲しいと願い出た。

あるいは、同志で郷校《ごうこう》育英館の学頭を務める小国融蔵《ゆうぞう》に宛てた手紙では、

「死を畏れざる少年三、四輩、弊塾まで早々御遣わし然るべく候」

と、依頼している。テロリストとして役に立ちそうな年少者がいたら、松下村塾まで寄越して欲しいと言うのだ。

「安政の大獄」で処刑された松陰

松陰は暗殺も正々堂々と行えば、正義だと考えていた。それにしても、藩政府重役に計画を知らせたり、武器弾薬の貸与を願い出たりというのは、尋常ではない。

この点につき、松陰サイドから少し説明しておこう。

安政五年（一八五八）六月、藩政権のトップである行相府家老（当役）に、二十六歳の益田弾正（右衛門介）が就任した。現代ふうに言えば益田は総理大臣で、先述の周布や前田は閣僚である。その多くは、藩主が選んだ、尊攘論の信奉者だった。

そして益田は、かつて松陰が藩校明倫館で兵学を講じた際の、門下生だ。松陰にすれば現政権のトップが、自分の教え子なのである。そこで、相手を信じて目一杯甘えた。

兵学者になるため、幼少の頃から純粋培養とも言える徹底したエリート教育で育てられた松陰は、社会性に欠ける面が少なくない。これまでも、友人との約束を重視して脱藩したり、危機感に突き動かされてアメリカ密航を企てて失敗したりと、破天荒な行動を繰り返している。

かつて、兄杉梅太郎から国禁を犯したことを非難された松陰は、安政元年十二月五日付書簡で、次のように反論した。

「禁はこれ徳川一世の事、今時の事はまさに三千年の皇国に関係せんとす。何ぞこれを顧《かえり》みるに暇《いとま》あらんや」

法は徳川幕府が決めた、たかだか二百数十年のもの。自分は三千年続く皇国（神代《かみよ》から数えている）を思って行動したのだから、法を破るのは仕方ないという理屈だ。権力者側が決めたルールの範疇では、改革は実現出来ないのである。ずっと後年、昭和初期の血盟団が、やはり同じようなことを言っている（190頁参照）。

さて、松陰が示した老中暗殺計画だが、もちろん藩政府が公認するわけがない。危険人物とみなされた松陰は十二月二十六日、萩城下の野山獄に投ぜられた。

やがて、「安政の大獄」を進める幕府が長州藩に、松陰の江戸召還を命じる。松陰も周囲も、老中暗殺計画が発覚したと思った。安政六年五月二十五日、罪人用の駕籠に乗せられた松陰は、家族や門下生たちに見送られて萩を発つ。萩のはずれ、涙松で松陰は、

「帰らじと思ひさだめし旅ならば　ひとしほぬるる涙松かな」

と詠み、故郷との別れを惜しむ。すでに死ぬ気である。江戸到着は六月二十五日だった。

それから、評定所《ひょうじょうしょ》で奉行による取り調べが始まる。ところが、松陰は先に捕らえられた梅田雲浜との関係を疑われていたに過ぎなかった。たちまち嫌疑は晴れ、松陰はかえって拍子抜けしてしまう。そこで、

「自分は死罪に相当する罪を二つ犯しているが、周囲の者に迷惑がかかるから明かさぬ」

と、聞かれてもいない老中暗殺計画を仄《ほの》めかしてしまった。

みずから墓穴を掘った松陰は伝馬町獄に投ぜられ、その年の十月二十七日、斬罪に処された。享年三十。

後日、長州藩が尊攘路線を進む中で松陰は神格化され、祭り上げられてゆく。

明治以降は尊攘運動、中でも密航未遂と老中暗殺計画により、過激な「志士」「烈士」として評価された。靖国神社に合祀され、正四位が追贈される。さらには、東京と萩に松陰神社が建てられた。

愛国、殉国を説いた「教育者」としての評価が強く打ち出されるのは、実は没後半世紀を経てからである（拙著『吉田松陰190歳』）。ここまで、いつの時代も、時々の政権に都合良く利用される人物というのも珍しい。

桜田門外の変、前夜

あらためて言うまでもなく大老井伊直弼は、譜代大名（溜間詰筆頭）の彦根藩主である。十一代藩主直中《なおなか》の十四男として生まれ、兄で十二代藩主だった直亮《なおあき》が嘉永三年（一八五〇）九月に没するや十三代藩主となり、掃部守《かもんのかみ》と称した。

安政五年（一八五八）四月には、将軍徳川家定より大老職に任ぜられる。大老は老中の上に立ち、幕政全般を統轄するが、常置ではない臨時職だった。江戸時代を通じても、十三人しかいない。

「戊午の密勅」降下に対する大老井伊側の反撃が「安政の大獄」で、さらなる水戸側の反撃が、万延元年（一八六〇）三月三日の「桜田門外の変」である。

大老井伊は水戸藩に下った勅の効力を封じ込め、朝廷は水戸藩に勅の返上を命じた。

水戸藩では、返納もやむなしとする上層部と、反対する中・下級藩士たちが対立する。反対派は、水戸から江戸に向かう最初の宿場である長岡駅（現在の茨城県茨城町）に屯集し、返納を実力で阻止しようと気炎を上げた。彼らは「長岡勢」と呼ばれる。

大老井伊は水戸藩に勅の返納を迫り、応じなければ違勅の罪になると脅す。

これに対し水戸藩では万延元年一月、前藩主の徳川斉昭が家臣を集め、不本意ながら返納に応じる旨を発表する。二月十八日には斉昭の親書を奉じた執政鳥井瀬兵衛が七百人を率いて、長岡勢の鎮圧に向かった。

長岡勢のリーダー格だった高橋多一郎・関鉄之助はじめ、住谷寅之介・矢野長九郎・浜田平介らは危機を察して脱藩し、江戸を目指す。そして、かねてから薩摩藩の同志と示し合わせていた計画を、実行に移そうとする。

計画とは水戸側が井伊を暗殺し、横浜の外国人居留地を焼き、薩摩藩の上京を待って、東

蓮田市五郎が描く井伊襲撃。

西呼応して幕府の大改造を行うというものだった。

だが、薩摩藩では計画を知った藩主島津茂久とその父久光が慰撫したため、大久保利通はじめ大半の者が脱落してゆく。

大老井伊直弼の横死

万延元年（一八六〇）三月三日午前九時ころ、前夜より降った雪が積もる中、大老井伊直弼は上巳《じょうし》の節句の賀詞を述べるため、駕籠に乗り、百二十人の供を従えて江戸城に登ろうとしていた。

一行が桜田門外あたりにさしかかったところ、大名行列見物を装っていた刺客の一団が一発の銃声を合図に、井伊の乗る駕籠めがけて殺到する。

襲ったのは水戸の関鉄之介・森五六郎・山口辰之介・佐野竹之介・大関和七郎・広岡子《ね》之《の》次郎・稲田重蔵・森山繁之介・海後《かいご》嵯磯之介《さきのすけ》・黒沢忠三郎・杉山弥一郎・斎藤監物《けんもつ》・鯉淵要人・広木松之介・蓮田《はすだ》市五郎・岡部三十郎・増子金八、薩摩の有村次左衛門の十八人だった。

井伊側の家臣は雪のため、雨合羽を着、刀には柄袋《つかぶくろ》を付けていた。よって即座に応戦出来ず、抜刀出来ないまま浪士たちに斬られる者もいた。

浪士たちは駕籠の中に何度も刀を刺し、手ごたえがあったと見るや、戸を開けて十数カ所負傷した井伊を引きずり出し、首を打つ。藩医の診察によれば、遺骸には太股から腰に抜ける貫通銃創があったという。

有村・山口・鯉淵・広岡は、重傷を負い自害。現場で闘死したのは稲田。龍野藩邸に自首したのが黒沢・佐野・斎藤・蓮田、肥後藩邸に自首したのが森・大関・森山・杉山。かれらは大名屋敷で没するか、後日、伝馬町獄で斬られた。現場から姿を消した関・岡部・広木・増子・海後のうち岡部・関は後日捕らえられ、伝馬町獄で斬。広木は同志の三回忌に鎌倉で自決。生きて明治を迎えたのは増子・海後のふたりだった。

白昼、衆人の眼前で、大老があっけなく殺されたのだ。幕府権威が大いに失墜したのは確かである。ただ、あくまで幕府内での政権抗争であり、浪士たちが討幕を目指していたわけではない。

吉田松陰門下の久坂玄瑞《くさかげんずい》は井伊の死を知るや歓喜し、萩の松陰の霊前に報告した。そして同志とともに、尊攘運動を推し進める決意を固める（拙著『久坂玄瑞』令和元年）。

明治二十二年（一八八九）には浪士の霊は靖国神社に合祀され、同三十五年には追贈も行われた。明治四十三年には政府寄りとされた『やまと新聞』主催で、政府高官が列席して靖国神社で盛大な五十年祭が行われた。政府は「桜田門外の変」は、国のために行った「正しい暗殺」だったとの評価を定めたのだった。

一方、官が編む幕末史の中で、井伊は天皇に逆らった「賊」とされた。西郷隆盛や吉田松陰が「安政の大獄」で弾圧されたことを、薩長関係者が怨んでいたのも大きい。井伊は靖国にも合祀されず、追贈もなかった。名誉回復を望む旧家臣たちが明治四十二年、横浜に「開国の恩人」として井伊の銅像を建立した際も、政府高官から激しい横槍が入ったほどである（拙著『暗殺の幕末維新史』令和二年）。

坂下門外の変

大老井伊亡き後、幕閣のリーダーとなったのは老中の安藤信正と久世広周《くぜひろちか》だった。安藤らは井伊の遺志でもあった、孝明天皇の妹和宮《かずのみや》を、将軍徳川家茂《いえもち》に降嫁させようとする。この縁談により朝廷の権威を幕府に取り込み、条約締結をめぐって生じた公武間の溝を埋めようと考えたのだ。

ところが文久二年（一八六二）一月十五日、駕籠に乗り江戸城に登城する安藤は、坂下門の前で浪士たちに襲撃される。

もっとも、大老井伊が暗殺されて以来、幕府要人の警固は厳重の度合いを増しており、安藤も屈指の三十名を従えていた。だから銃声を合図に、いっせいに斬りかかった浪士たちは、次々とその場で闘死する。

老中の安藤信正が襲われた坂下門。

刺客は六名で、その名は平山兵介（細谷忠斎）・黒沢五郎（吉野政之助）・小田彦三郎（浅田儀助）・川本杜太郎（豊原邦之助）・高畑房次郎（相田千之丞）・河野顕三（三島三郎）だった（括弧内は変名）。また、現場に遅刻した川辺左治左衛門（内田万之助）は、日比谷の長州藩上屋敷に同志の桂小五郎（木戸孝允）を訪ね、ひそかに自決して果てた。

彼らがそれぞれ懐に忍ばせていた「斬奸状《ざんかんじょう》」「悪者殺す」について、その理由を書いた文書）では、安藤を外国と親しくする「神州の賊」と呼ぶ。また、和宮降嫁は幕府が朝廷から人質を取るつもりだと、非難する。さらには、安藤が孝明天皇を譲位させるつもりだとの噂も、信じていたようだ。

この暗殺も、幕府打倒を目指したものではなかった。安藤を排除することで、幕府内部を改造するつもりだったのである。

特に注目すべきは刺客六人のうち、武士身分は平山・小田の二人だけで、あとは農の高畑、医の川本・黒沢・河野という庶民だったことだろう。黒幕とされた儒者の大橋訥庵《とつあん》（順蔵）も宇都藩士の籍を持っていたが、江戸・日本橋の太物《ふともの》商の婿養子だった。

二年前、桜田門外で大老井伊を襲った十八人の大半が武士身分だったことを考えると、この間に尊攘論の裾野が大きく広がったことが分かる。それは、貿易開始で物価が急騰し、庶民の生活を圧迫したことと、無関係ではない。

一方、安藤は平山が駕籠に刺した刀で、背中を負傷しただけで済んだ。しかし、大老井伊に続き幕閣トップが襲われたことが非難を呼び、四月十一日には老中を辞職せざるをえなくなる。なお、和宮と家茂の婚儀は二月十一日に行われた。

刺客六人と自決した一人は、明治になり靖国神社に合祀され、それぞれ正五位が追贈された。これも明治政府が公認した、「正しい暗殺」であった。

三　暗殺の舞台は京都へ

土佐による暗殺始まる

文久二年（一八六二）は、「勤王年」と呼ばれたという。朝廷と幕府の政治的力関係が逆転したからである。

文久元年三月には長州藩毛利家が、翌二年四月には薩摩藩島津家が国政に乗りだし、京都や江戸で公武間の周旋を行う。ともに外様大名である両藩のライバル意識は、この頃から日増しに高まった。

そんな中、文久二年七月二十日、もと関白九条尚忠《ひさただ》の家士島田左近が、京都・木屋町《きやまち》二条下ル東生洲町の妾宅で暗殺されるという事件が起こる。犯人は薩摩藩で示現流《じげんりゅう》の遣い手とされた、田中新兵衛らだった。

かつて、大老井伊直弼の意向を受けて長野主膳と共に京都で暗躍した島田は、恩賞によりぜいたくな暮らしを続け、尊攘派の激しい憎悪の対象になっていた。その島田を血祭りに挙げることは、尊攘派にとり「正義」の遂行だったのである。

島田の首は二十三日、青竹に突き刺され、四条鴨川河原でさらされた。これは大評判とな

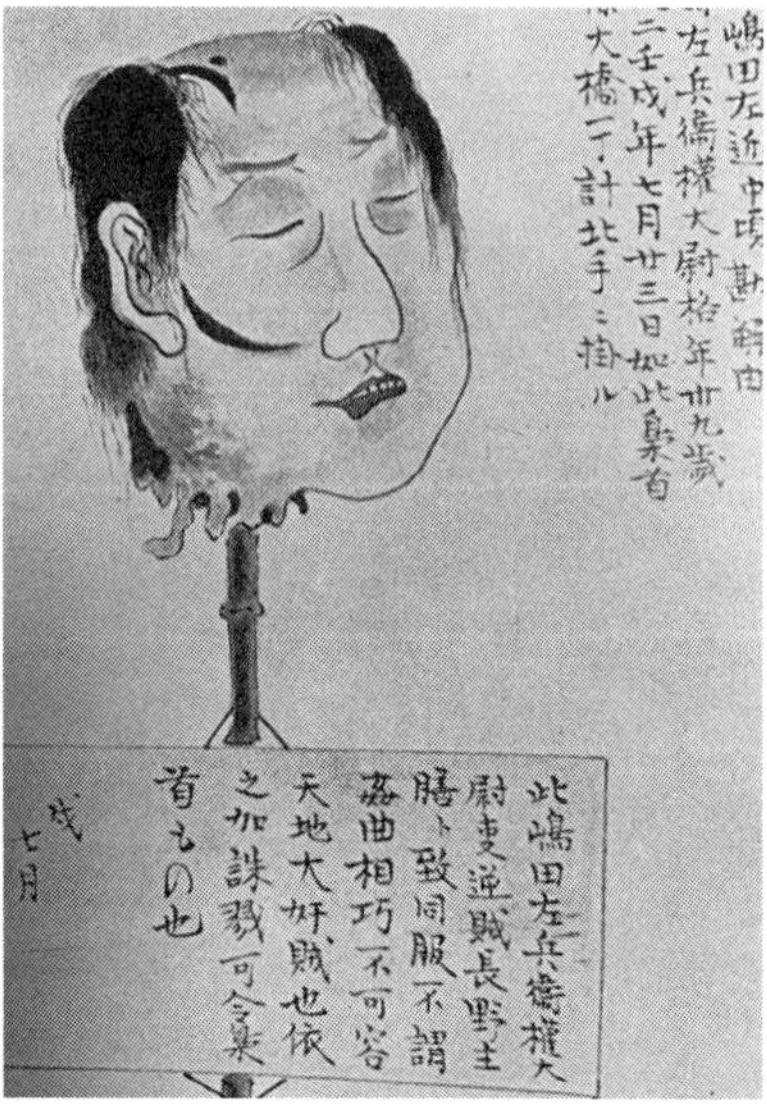

島田左近の梟首。

り、多くの見物人が詰め掛けた。このため、今もたくさんのスケッチが残っている。

　また、首の傍らには、

「……いわゆる奸計を相巧《たく》み、天地に容れざるべき大奸賊なり。これに依り誅戮《ちゅうりく》を加へ梟首《きょうしゅ》せしむるものなり」

と、暗殺の理由を説明した「斬奸状《ざんかんじょう》」が添えられていた。さらし首と斬奸状のセットは、以後頻発する暗殺事件の、定番スタイルとなる。

　薩摩・長州に続き、その年八月二十五日、京都に入って来たのが土佐藩山内《やまうち》家だった。

　土佐が遅れたのは、参政吉田東洋が強く反対していたからだ。そこで四月八日夜、土佐勤王党の武市《たけち》半平太（瑞山《ずいざん》）は刺客を放って高知城下で東洋を暗殺し、上層部と結び付き、上京を実現させたのである。ただちに朝廷は、薩摩・長州とともに国事に周旋するよう、土佐藩に命じた。

　だが、武市は三番手の土佐は存在感が薄いと感じたのか、薩摩が始めた暗殺を引き継ぐ。

主なターゲットは、島田左近と同じく「安政の大獄」の頃、大老井伊のもとで働いた者たちだ。そこで刺客として活躍するのが、武市の門下で、鏡心明智流《きょうしんめいちりゅう》の遣い手だった岡田以蔵である。そして岡田を中心とする刺客団が、「天誅」と唱えて次々と暗殺事件を起こした。

閏八月二十一日には越後浪人の本間精一郎、閏八月二十三日には九条家士の宇郷玄蕃《うごうげんば》が立て続けに殺され、その首は斬奸状と共に鴨川の河原にさらされた（宇郷の暗殺犯は諸説ある）。

殺人ショーと化す

この頃、土佐勤王党による数々の暗殺事件には、切羽詰まったような理由が見当たらない。何らかの「正義」を理由にして無抵抗な者をなぶり殺しにし、市民を喜ばせている。

そこには大老井伊や老中安藤を襲った者たちが、自分の生命と引き換えに暗殺に立ち上がった時の悲壮な決意なども、皆無である。京都町奉行所の役人は、報復を恐れてろくに捜査もしないから、犯人が捕まる心配はほぼ無かったらしい。

つづいて、「安政の大獄」に協力した目明し文吉がターゲットになった。その刺客選びの時、土佐勤王党では希望者が多すぎたためくじ引きが行われ、岡田の他二人が決まったと、関係した五十嵐敬之が後年語っている。

こうして文久二年（一八六二）九月一日深夜、目明し文吉は三条河原に連れ出され、紐《ひも》で首を絞めて殺された。しかし、さすがに三度も同じスタイルだと、見物人に飽きられると思ったのか、文吉の全裸の遺骸の手首や腹部を杭に紐で強く縛り付け、さらしものにした。これにも、黒山の人だかりが出来たといい、たくさんのスケッチが残っている。

群集心理なのか、感覚が麻痺した市民たちは、連続で行われる殺人ショーを楽しんでいたきらいがある。

さすがに恐怖を感じた京都町奉行所の者たちは、あわてて江戸へ逃げ帰ろうとした。九月二十三日早朝、京都を発ち、東海道を進み、夕方に石部宿《いしべ》（現在の滋賀県湖南市）に投宿した京都西奉行所組与力渡辺金三郎、同心上田助之丞、東町奉行所組同心森孫六、大河原十蔵は、追いかけて来た土佐・薩摩・長州・久留米の二十余名からなる刺客団に襲撃され、殺される。

二十四日朝には四人の首が粟田口《あわた》の仕置場にさらされて、これも大評判になり多くの見物があった。治安を護る側の者たちが殺され、しかも刑場にさらされたのである。

つづいて十月十一日朝には二条の鴨川河原に平野屋寿三郎と煎餅屋が、衣服を着けたまま杭に縛られてさらされていた。二人とも人入れ稼業で、勅使東下の人夫斡旋で収賄を行ったのだという。

十一月十四日には、井伊と長野主膳の寵愛を受けた村山加寿江《かずえ》が三条大橋で生きざらしとなり、翌十五日には加寿江の息子（養子とも）で金閣寺の寺侍多田帯刀が殺された。

言路洞開

帝都京都の治安は完全に崩壊したため、幕府は新たに京都守護職を設け、会津藩主松平容保《かたもり》（二十八万石）に任せた。京都守護職は所司代・大坂城代・近畿地方の大名を指揮する、軍事面で強い権限を持つ。容保の一団は文久二年（一八六二）十二月二十四日、京都に入って、黒谷の金戒《こんかい》光明寺をひとまず本営とした。

容保は当初、力任せの弾圧よりも、下から上へ意見が通りやすい「言路洞開《げんろとうかい》」の環境を作ることで、暗殺を減らし、治安を護ろうと考えた。

その頃、土佐勤王党の多くは勅使の三条実美《さんじょうさねとみ》・姉小路公知《あねがこうじきんとも》を護衛して十月十二日に京都を発ち、江戸に赴いていた。そのため暗殺騒ぎは一段落ついたかに見えたが、珍妙な事件が起こる。

文久三年二月二十二日夜、洛西の等持院の霊光殿に安置されてい足利尊氏《たかうじ》・義詮《よしあきら》・義満の木像の首が引き抜かれ、翌朝、三条河原にさらされたのだ。傍らの斬奸状には、

「……鎌倉以来の逆臣、一々吟味をとげ、誅戮《ちゅうりく》致すべきのところ、この三賊巨魁たるにより て、まずその醜像へ天誅を加うるものなり」

とあった。また、高札場には趣旨を記した長文が掲示されたが、それによると鎌倉以来の武家政権が朝廷を悩まし、天皇を翼賛しなかったから、ひとまず足利三代将軍の木像の首を刎ねるのだという。

誰ひとり傷つけることのない「天誅」ではあるが、近く予定されている将軍徳川家茂の上洛に対する、嫌がらせと受け取られても仕方がない。案の定、町奉行所は及び腰だった。ここに至り松平容保は、断固とした態度で捜査し、処罰する決意を固める。

そして犯人として三輪田元綱《みわたもとつな》（伊予の神官）・師岡節斎《もろおかせっさい》（江戸の医師）・青柳健之助（下総の豪農）らを捕えた。彼らは平田派国学の門だった。しかし処分の決定は長州藩主や尊攘派公卿から横槍が入ったりして紛糾し、六月になり寛典に処されることとなる。犯人の大半は諸大名に預けられたりして、明治維新を迎えた。

また、容保の「言路洞開」路線は、会津藩を頼って来た浪士たちを受け入れることになる。尊攘派ではあるが、将軍家茂が勅を奉じて攘夷を実行する時は、馳せ参じたいと望む浪士たちである。彼らがのちに新撰組となり、京都市中の警固を任された。

坂本龍馬暗殺

さて、以上の他にも幕末京都では数々の暗殺事件が起こっているのだが、ここではあと二件だけ触れておく。

一件目は文久三年（一八六三）五月二十日夜、尊攘派公卿の姉小路公知が、御所朔平門外《さくへい》の猿ヶ辻で暗殺された事件である。

姉小路は幕府軍艦奉行並の勝海舟から摂海（大阪湾）の防備を実地で説明され、理解を示そうとしていた。

犯人は現場に残された木履《ぽくり》と刀から、薩摩の田中新兵衛とされた。ところが捕らえられ、町奉行所に拘留された田中が自決してしまう。

それにしても示現流の達人で、何度か暗殺も経験している田中が、公卿を斬るのに刀を現場に忘れたというのも、不自然な話である。また、自決も密室での出来事だから、疑えばきりがない。真相はいまだ、謎のままの事件である。

ただ、確かなのは、事件の責任を負わされた薩摩藩が、御所堺町御門の警衛の任を解かれたことだ。また、薩摩藩は前年八月二十一日の「生麦事件」でイギリス人を殺傷したため、「薩英戦争」が勃発寸前という状況だった。とても京都に力を注ぐ余裕は無く、以後、長州藩の暴走を許すことになる。

いま一件は、慶応三年（一八六七）十一月十五日午後八時ころ、河原町の商家・近江屋で起こった坂本龍馬・中岡慎太郎の暗殺事件である。

暗殺された坂本龍馬。

龍馬と慎太郎は土佐を脱藩して薩摩・長州などで活躍した。しかし、この年四月から龍馬は海援隊長、慎太郎は陸援隊長となり、土佐藩に復帰する道筋がつけられていた。

その頃、将軍徳川慶喜《よしのぶ》は土佐藩の勧めにより、十月十四日、大政奉還を朝廷に申し出て、翌日勅許されていた。このため、大政奉還に反対していた会津や桑名藩の中には、憤慨のあまり薩摩・土佐藩の関係者を血祭りに上げようと企む者たちがいた。

しかし薩摩の西郷隆盛や大久保利通らは、京都に不在である。そこで龍馬が、ターゲットになったと考えられる。龍馬自身も刺客の影に脅え、河原町の土佐藩邸に匿って欲しいと依頼した。だが、脱藩の前科がある龍馬の申し出を、土佐藩は拒んだ。

その夜、近江屋の二階に潜伏中の龍馬は、同志である慎太郎の訪問を受け、会談中だった。そこへ、数人の刺客が襲いかかる。

龍馬は床の間に置いていた刀を抜くことも出来ず、額や背中を斬られて間もなく絶命した。慎太郎は十一カ所を斬られて屋根に逃げたが、十七日に絶命した。

享年は龍馬が三十三、慎太郎が三十。共に東山霊山《りょうぜん》に埋葬され、明治十六年（一八八三）に靖国神社合祀、同二十四年に正四位を追贈されている。

犯人は遺留品から、当初は新撰組と考えられていた。しかし明治三年、京都守護職配下の見廻組に属していた今井信郎《のぶお》が刑部省《ぎょうぶ》で、自分たちの仕業だったと自供する。今井によると見廻組与頭《くみがしら》の佐々木只三郎が配下の今井ら六名を引き連れて、龍馬を襲撃したという。こうして見ると、大政奉還に憤慨した会津・桑名藩の指示を受けた佐々木らが行った暗殺だったようである。

ただ、龍馬は明治十六年、政治講談『汗血千里駒《かんけつせんりごま》』の主人公として注目されて以来、数々の小説やドラマ・映画により大衆人気が高まった。そのため、暗殺事件は特に戦後、必要以上に「謎」とされてゆく。

「謎」は多い方が物語が面白くなるから、マスメディアが飛びつく。薩摩藩が暗殺の黒幕だったとか、同志打ちだったとか、土佐藩士後藤象二郎の陰謀だったとか、さまざまな話が生まれたが、いずれも確かな史料などない。「説」とは到底言い難く、創作、推測の域を出ない。

四　新政府に対する不満

パークス襲撃

慶応三年（一八六七）十二月九日、王政復古の大号令が発せられた。これにより徳川幕府は消滅し、天皇を戴き、総裁、議定、参与から成る新政権がスタートする。

しかし大政奉還を行った徳川慶喜は政権から完全に排除され、その怒りは翌年の戊辰戦争へとつながってゆく。

誕生ひと月余り経った明治元年（一八六八）一月二十三日、新政権は「暗殺を為《な》すを厳禁とす」との法令を発した。いわゆる暗殺禁止令である。開国以来、暗殺が頻発した理由のひとつは、「言路洞開」のルールが無かったからだ。しかし、「公然」と意見が言えるようになったのだから、暗殺は「私に殺害致し候はば、朝廷を憚ら」ない行為になると戒める。

新政権の不正を訴える前将軍慶喜は一月の鳥羽・伏見の戦いに敗れたものの、その頃は江戸城に籠もっていた（江戸開城は四月十一日）。

だから京都の新政権は自分たちこそが、日本代表であると諸外国に認知させる必要があった。そこで明治元年二月三十日、御所紫宸殿《ししんでん》において明治天皇とイギリス・フランス・オランダ公使の謁見が行われることになる。

開国した幕府を非難して来た者たちは、政権を奪うや、開国和親に方針を切り替えた。これを尊攘論を信奉して来た多くの者たちは、裏切りと見る。たしかに物価高は治まるどころか、さらに高騰して庶民の暮らしを圧迫していた。

この日、馬に乗って御所に向かうイギリス公使ハリー・パークスが四条縄手通りを進み、角を曲がったところで、浪士二人に襲撃される。うち、ひとりの林田衛太郎（変名・朱雀操）は護衛の中井弘（薩摩脱藩）を負傷させたが、後藤象二郎（参与。土佐藩士）に斬り捨てられた。いまひとりの三枝蓊《しげる》は負傷し、捕縛され、三月四日に京都・粟田口で斬首された。

イギリス公使ハリー・パークス。

パークスは革のベルトを切られた程度で済んだ。ただし参内は一旦中止となり、パークスは宿舎の知恩院に引き返した。天皇はただちにパークスに見舞いの使者を派遣し、新政権はイギリス側に丁重に謝罪したため、問題は大きくはならなかった。

刺客の林田は山城国出身で、もと小堀右膳の家来。三枝は大和国の僧で、天誅組にも加わった。ふたりとも新政権誕生時、紀州藩を牽制するための高野山挙兵に参加し、つづいて二条城の護衛を務めていた、熱心な尊攘論者である。

少し前に起こった外国人に対するテロを明治政府は顕彰したが、林田・三枝は共に靖国神社に合祀されず、追贈もなかった。ただ、京都・東山霊山には当時建てられた二人の立派な自然石の墓碑が現存し、共鳴する者が多かったことをうかがわせる。

信義と公法

前後して異文化との急接近による、不幸な事件が相次ぐ。

暗殺ではないが、明治元年（一八六八）一月十一日には摂津神戸で岡山藩の行列がフランス兵二人を負傷させた「神戸事件」が起こった。

つづいて二月十五日には、和泉堺を警固中の土佐藩士がフランス兵十一人を殺した「堺事件」が起こった。

「神戸事件」の責を一身に負わされた滝善三郎は二月九日、兵庫の永福寺で多くの日本・外国側の検証人が見守る中、切腹した。享年三十二。日本側の一人を死罪にせよという、外国側からの強い要求を、新政権は突っぱねられなかったのである。なお「堺事件」では、二月二十三日、十一人の土佐藩士が責を負って切腹させられた。

死の直前、滝は自分は「遠国《おんごく》の者（田舎者）」だから、朝廷が外国人を丁重に扱う方針に変わったとは知らなかったと、目一杯皮肉な言を残している。

神戸事件の処理を任されたのは、外国事務掛となった伊藤博文だった。神戸と堺の事件を長崎で知った井上馨は伊藤宛ての手紙で、こうした新政権の弱腰な態度を激しく非難し、どんな国が相手でも「信義」と「公法」で外交を行うべきだと述べている。

だが、政府の方針が理解されたためか、その後は尊攘論の信奉者による外国人に対するテロ事件はほとんど無くなってゆく。そこで明治三年十月、新政権は列強に対し、テロ対策でもあった横浜駐屯軍の撤退を申し入れ、受け入れられた。

ところが十月二十三日午後十時ころ、東京府神田鍋町を歩いていた大学南校（東京大学法文科系学部の前身）のイギリス人教師グラスとリングが襲われ、あわせて三カ所の刀傷を負う事件が起こる。政府はただちにイギリス公使パークスに謝罪し、犯人を「最高の刑」に処すと約束した。

事件の捜査は関係者の証言が食い違い、刑部省も困窮したようだが、次のような結論に至った。

その夜、杵築《きつき》藩卒加藤竜吉と関宿藩士黒川友次郎は酒を飲んで、神田鍋町に差しかかった。

そこで妾を連れて歩く二人のイギリス人を見つけたので、殺意を起こした加藤が黒川の同意を得てリングに斬りつけた。つづいて黒川が、ダラスに斬りつけた。

驚いた二人が逃げ出したところを、たまたま通りかかった鹿児島（薩摩）藩士肥後壮七が酒の勢いもあり、リングに斬りつけた。こうして、合計三カ所の負傷となったわけである。まだまだ、攘夷の残り火が消えていないことを知らしめる事件だった。

明治四年三月二十八日、加藤・肥後は伝馬町獄で絞首刑、黒川は准刑（流刑）に処された。ただし、外国人に対する攘夷事件としてではなく、明治三年十二月に布告された「新律綱領」中、「通常謀殺罪」が適用された。この法には「未遂」が無かったため、二人は死刑になったのだ。

政府高官の暗殺

新政府は外圧をのぞくためにも、中央集権、西洋化、近代国家建設を急ピッチで進める。しかし、時代に乗り遅れる者も多く、スタートしたばかりの明治政府の高官たちに、次々とテロの刃が向けられた。

明治二年（一八六九）一月五日午後二時過ぎ、御所から駕籠に乗り帰宅途中の政府参与横《よこ》井《い》小楠《しょうなん》が覆面の刺客六人に襲われ、横死した。享年六十一。肥後藩出身の横井は開化政策を進めていた。捕らえられた犯人は死罪に処されたが、横井がキリスト教を信じて西洋列強の手先になっているとか、廃帝を考えているなどの噂を真に受けての犯行だった。

　同じ年の九月四日には、長州藩出身の兵部大輔大村益次郎《おおむらますじろう》が、京都の宿舎で十三人の刺客に襲撃されて負傷し、十一月五日、大阪の病院で死去している。享年四十六。犯人は大村が進めていた近代的な兵制改革に反発する不平士族で、その中の団仲次郎・太田瑞穂・神代直人《こうじろなおと》は、大村と同じ長州藩の出身者だった。捕らえられた団は、「御一新以来、国論表裏に変じ候は、まったく外国人の説を信用しの者、己の説を主張し」と、「皇国の皇国たる所以《ゆえん》」を知らない大村を非難している。刺客たちの大半は、捕らえられて処刑された。

　つづいて十二月二十日午後十時ころ、政府に召されて中弁を務める佐賀藩士江藤新平《えとうしんぺい》が、駕籠で帰宅途中、東京・芝の琴平神社近くで六名の刺客に襲われ、右肩と右腋を負傷した。その報に接した明治天皇は見舞いの菓子一折と、養生料として百五十両を下賜する。捕らえられた犯人は、急激な藩政改革に反対する六名の佐賀藩士だった。いずれも十代、二十代の若者で、江藤は助命を願ったが、朝臣（天皇の臣）に刃を加えた罪は許されず、全員が斬首に処された。

　明治四年一月九日未明には、長州藩出身の参議広沢真臣《ひろさわまおみ》が、東京・富士見町の自宅に忍び込んで来た刺客に暗殺された。十五カ所を斬られ、喉を三カ所刺されるという、残忍な殺され方だった。享年三十九。

相次ぐ高官の死に、政府の面目は丸つぶれになった。二月二十五日、明治天皇は広沢暗殺の犯人を早く捕らえるよう、詔勅まで発する。だが、この事件に関しては多数の容疑者が捕らえられ、九年にもわたる裁判が行われたものの、犯人は現在に至るまで判明していない。

赤坂喰違事件

岩倉具視《いわくらともみ》は下級公家の出身ながら、その政治手腕は武士顔負けだった。和宮降嫁を推進したため尊攘派から憎まれ、洛北に隠棲するも、薩摩藩の討幕派とひそかに結び付き、ついに王政復古を実現させた。明治四年(一八七一)十月には米欧差遣特命全権大使を任ぜられ、西洋諸国を巡歴する(岩倉遣欧使節団)。

ところが明治六年九月に帰国するや、西郷隆盛《さいごうたかもり》ら征韓派が唱える朝鮮への大使派遣の話が進んでおり、翌月には閣議決定されてしまう。だが、これに反対する大久保利通《おおくぼとしみち》は岩倉に「一の秘策」を授けた。

十月二十三日、大使派遣を太政大臣《だじょう》代理の岩倉が明治天皇に上奏《じょうそう》する際、反対する旨を伝える。天皇は岩倉の言どおり、閣議決定を裁可しなかった。このため、派遣は中止となる。

これでは何のための「維新」だったか、分からない。特に征韓論には、多くの行き場を

征韓論に反対する岩倉を襲った
士族によるテロ

失った全国の士族たちが期待を寄せていた。そのため、岩倉や大久保にテロの矛先が向けられる。

明治七年一月十四日午後八時ころ、岩倉は赤坂仮御所を退出し、二頭立の馬車に乗って表霞が関の自宅まで帰ろうとしていた。ところが喰違見附《くいちがいみつけ》（現在の千代田区紀尾井町付近）あたりを通ったところで、数名の刺客に襲撃される。岩倉は濠にすべり落ちて難を逃れ、眉下と左腰に軽い傷を負ったに過ぎなかった。

現場に残された下駄の刻印などから、内務省管轄下の警視庁は一月十七日から十九日までの間に、犯人と関係者を次々と捕らえる。直接襲ったのは武市熊吉・武市喜久馬・島崎直方・岩田正彦・山崎則雄・下村義明・中山泰道・中西茂樹・沢田悦弥太で、いずれも土佐出身、二十代か三十代の若者だ。大半は、もと陸軍軍人である。特にリーダーの武市熊吉は板垣退助の命で、朝鮮半島や満州に赴き調査した、熱心な征韓論者だった。

司法省内の臨時裁判所で裁かれた結果、七月九日には九人全員が除族のうえ斬との判決が下り、その日のうちに伝馬町獄で執行された。当時の法に国事犯規定が無かったため、見せしめに近い厳しい判決だった。

遺骸は同志たちの手で、新宿牛込岩戸町の宝泉寺に埋葬された。同寺は明治四十三年（一九一〇）、現在の中野区上高田に移転したが、その際建立された「九士之碑」は、土佐出身の陸軍中将で子爵の谷干城による撰文が刻まれている。

大久保利通暗殺

大久保利通は、同じく薩摩の西郷隆盛、長州の木戸孝允と並び、「維新の三傑」と称される。幕末の頃は王政復古を画策し、維新後は版籍奉還、廃藩置県を推進して、中央集権を急ピッチで進めた。

明治四年（一八七一）には岩倉遣欧使節団の副使となり、渡欧。その際、小国プロシアを軍事力で大国ドイツにのしあげた、「鉄の宰相」と呼ばれたビスマルクに面会し、強い影響を受けたという。

明治六年の政変で内地優先を唱え、征韓論を斥けた大久保は内務省を設置し、みずから初代内務卿となる。発足当時の同省は地方行政・警察行政を中心に、あらゆる行政を集中させせた中央官庁だった。

西洋列強に対抗するためにも、近代国家建設が急務だと考える大久保は、みずから権力を一手に掌握し、牽引しようとする。そのためなら薩長による有司専制、独裁政治も否定せず、邁進してゆく。

一方、自由民権運動家たちからは、大久保は独裁者として蛇蝎《だかつ》の如く嫌われた。また、地租改正を強引に進めたため、各地で一揆が起こった。

ドロップアウトしてゆく士族たちが佐賀の乱・神風連の乱・秋月の乱・萩の乱、そして西南戦争と、たて続けに反乱を起こしたら、容赦なく鎮圧した。そのため、盟友の西郷も死に追いやる。

明治十一年五月十四日午前八時ころ、大久保は三年町（現在の千代田区霞が関）の私邸から二頭立ての馬車に乗り、赤坂仮御所へ向かっていた。途中、麹町紀尾井町を通りかかったところ、待ち構えていた六人の刺客に襲われる。

島田一郎らによって大久保利通はずたずたに斬られ暗殺された。

大久保はずたずたに斬られ、馬車から引きずり出された。そして七、八足よろよろと歩いたが、なおも斬りつけられて、倒れた。刺客はとどめとして、喉に一刀を突き刺した。傷は十六カ所だったという。享年四十九。

襲ったのは石川県士族島田一郎・長連豪・杉本乙菊・杉村文一、石川県平民脇田巧一、島根県士族浅井寿篤である。

島田一郎と憲政碑

刺客リーダーの島田一郎は金沢の下級武士の家に生まれ、維新後、上京して陸軍の軍人となった。しかし、期待していた征韓論が破れるや、金沢で忠告社結成に係わるなど、政府批判運動に身を投じる。

朝鮮への大使派遣の閣議決定が、謀略でひっくり返ったのを知るだけに、島田は言論による改革を信じず、実力主義に傾いていったようだ。そして、大久保を独裁者とみなし、暗殺に走ったのである。

刺客たちが持っていた斬奸状には、大久保の他に木戸孝允（すでに病死）・岩倉具視・大隈重信・伊藤博文・黒田清隆・川路利良・三条実美もターゲットとして名を挙げ、テロの連鎖を望む。

島田一郎らの墓（東京・谷中霊園）。

島田一郎。

刺客たちは仮御所に自首し、法にない国事犯として臨時裁判所で裁かれた。そして七月二十七日、除族のうえ、牛込市ケ谷監獄で斬罪に処された。

遺骸は、その日夜には谷中の天王寺墓地に埋葬されたが、香華を手向ける者が多かったという。翌十二年には故郷金沢の野田山の麓にも、遺品を埋めた墓所が設けられた。やはり明治十二年には、島田を主人公にした通俗小説『島田一郎梅雨日記』が出版され、大評判となったりした。

刺客の霊は靖国神社に合祀されず、追贈もなかった。しかし昭和十二年（一九三七）十二月、浅草本願寺境内に建立された、高さ六メートルを越す「憲政碑」には、島田の霊が合祀された。同碑は、「五・一五事件」「二・二六事件」と大規模なテロ事件が続き、政党政治の危機が叫ばれる中、立憲政友会所属の衆議院議員胎中楠右衛門が発起人となって建てられたもので、憲政の功労者二千二百七十二名が合祀された。

島田はテロリストではあるが、民権運動弾圧の独裁者とされた大久保を斃《たお》したことで、憲政政治の功労者として評価されたのだ。

第二章　明治時代の暗殺

本章では明治の半ばから終わりにかけて起こった、数々の暗殺事件（未遂も含む）を見てゆきたい。

この間、日本は「富国強兵」を掲げ、近代国家への道をひた走った。天皇は絶対的な存在で、国民は国家のためにあるとの国家主義だった。その精神で編まれた「大日本帝国憲法」を明治二十二年（一八八九）に発布、翌二十三年より施行して、立憲国家となる。

そして日清・日露という対外戦争を経験し、台湾を植民地とし、韓国を併合して、国威をアジアへと拡大させてゆく。

こうした中で、国の要人がたびたび暗殺の危機に遭遇した。狙う者、狙われる者、ともに大半は、武士階級出身である。

信念を貫こうとする政治家と、それを阻止しようとするテロリストの間に、時にシンパシーのようなものが芽生えたとの逸話が残っているのも、武士道的である。

国家を思っての暗殺ならば構わない、捨て身の暗殺ならば潔いというのも、現代からすると理解し難い部分であろう。暗殺にまつわる血なまぐさい遺品を積極的に一般公開したりするのも、武士の時代の名残りを感じさせる。

一　板垣退助暗殺未遂

岐阜での演説

「板垣死すとも自由は死せず」の言と共に後世に伝えられることになるのが、明治十五年（一八八二）四月六日、岐阜で起こった板垣退助暗殺未遂事件、いわゆる「岐阜事件」である。

征韓論をめぐる明治六年の政争に敗れた土佐藩出身の参議板垣退助らは、薩長出身者による有司専制を批判して、下野する。

そして板垣と後藤象二郎（前参議、土佐）・副島種臣（前参議、佐賀）・江藤新平（前参議、佐賀）・由利公正・小室信夫・岡本健三郎・古沢滋郎が連名で翌七年一月十七日、「民撰議院設立建白」を左院に提出し、民撰議院（国会）開設を望んだ。

これが日本における、自由民権運動の始まりである。政府の参議である薩摩の大久保利通も、長州の木戸孝允も、国会開設の必要は理解していたものの、建白は却下された。ところが建白は新聞『日新真事誌』に掲載されて大変な反響を呼んだため、政府側の態度を硬化させる。

以後、自由民権運動は全国に波及し、幅広い層の要求を含んで裾野を広げ、時に激化した。これに対し政府は明治十四年十月十二日、詔を発して、十年後に国会を開設すると約束し、国是とする。

その年十月二十九日には自由党が結成され、総理には板垣が就任した。板垣は東海道各地で演説を行うため明治十五年三月十日、数人の随行員を引き連れて東京を発ち、沼津、静岡、名古屋などを経て四月五日、岐阜の旅館に入る。

板垣退助は七か所も負傷したものの一命を取り留めた。

四月六日午後一時から、岐阜金華山麓の神道中教院で、濃尾自由党有志の発起による懇親会が開かれた。この席で板垣は三百人の聴衆を前に、一時間半にわたり演説をする。

午後六時十分過ぎ、板垣は中座して宿舎に帰ろうとして玄関口に出た。そこへ突然「国賊」

（「将来の賊」とも）と呼びかけて来た男が板垣に背後から抱きつき、九寸の短刀で胸を二回刺した。驚いた板垣は男から刀を奪おうとして揉み合ううち、左頬を斬られ、左右の手なども傷つけられる。

随行員のひとりである内藤魯一が駆けつけ、男の首筋を掴み、投げ飛ばした。やはり随行していた竹内綱・小室信夫らは板垣を抱きかかえて門外に去り、近くの傘屋に避難する。

板垣は七カ所負傷したものの、致命傷は無かった。若い頃、柔術を学んでいたお陰で助かったのだと、板垣は後日、師匠の本山団蔵に感謝の意を示している。

なお、犯行に使用された短刀は岐阜裁判所に証拠として保存された。その後めぐりめぐって昭和四十二年（一九六七）には高知市に寄贈され、現在は高知市立自由民権記念館が所蔵している（ふだんはレプリカが展示されている）。

相原尚褧という刺客

板垣退助を襲った刺客は愛知県士族の相原尚褧《なおふみ》で、当年二十七。もと尾張藩士の家により生まれ、同県の師範学校を卒業して、いくつかの小学校で訓導を務めた経歴があった。

事件当時は知多郡横須賀村の小学校で教鞭を執っていたが、明治十五年（一八八二）四月一日、名古屋に赴き、古道具屋で事件に使った短刀を購入するなどした。四日、名古屋から岐阜入りして、板垣を殺す機会をうかがっていたという。

検事が取り調べたところによると、相原の動機は「愛国忠君」と「政府誹謗への嫌悪」に根差すものだった。政府要人が自由民権派を「自由党と火つけ泥棒」などと言い、天皇に対して異心を抱くものであるかの如く宣伝していたのを、真に受けたようでもある（小田中聡樹「板垣退助暗殺未遂事件」『日本政治裁判史録・明治前』）。政府寄りの『東京日々新聞』を熱心に読む、視野の狭隘な人物だったようだ。

錦絵となった板垣襲撃事件。

『東京日々新聞』四月十二日号は相原のプロフィールにつき、次のように報じる。

「政治に関する党派に入らず、又刎頸《ふんけい》の友もなく、交際の知己を望むも乱雑を好まず、新聞社員にも知己なし。主義は漸進にして、支那の文天祥の如きを欽慕すと云ふ」

議論する相手もいない孤独な環境の中で思い詰めた揚げ句、犯行に及んだ様がうかがえる。

相原は背後関係を否定し続けたが、自由党は政府側の仕業かと疑った。中には名古屋監獄を破壊して、鎮台を攻撃すると叫ぶ者もいたという。世間の反響がいかに大きかったかは、事件翌日、侍従西四辻公業が勅使となり、見舞いのため差遣されているのを見ても分かる。

裁判を経てその年六月二十八日、相原は死刑より一等減じて無期徒刑の判決を受けた。背景には、板垣の助命嘆願があったとされる。そして相原は、北海道の空知集治監に送られ、服役した。

「板垣死すとも」の真偽

板垣退助はその後、伯爵を授けられたり、立憲自由党を脱党したり、第二次伊藤博文内閣の内務大臣に就任したりと波乱に富んだ政治家人生を送り、大正八年（一九一九）七月十六日、八十三歳で没した。墓所は品川区北品川3丁目の品川神社隣接地にある。

「岐阜事件」を有名にした一因は、襲われた板垣が、

「板垣死すとも自由は死せず」

の一言を、発したとされるからである。

これにつき、板垣退助監修『自由党史・中』（昭和三十三年岩波文庫版）では、

「神警の一語、満腔の熱血と共に迸《ほとばし》り出で、千秋万古に亙《わたり》て凜冽《りんれつ》たり」

と、評している。

この一言は、事件直後の新聞にも掲載されており、日頃の板垣の信念が咄嗟に発せられたものと言えるかも知れない。もっとも随行員内藤魯一の発した言との説なども古くからあり、真偽不明な部分も無くは無い。

平尾道雄『無形《むぎょう》板垣退助』（昭和四十九年）では、負傷した板垣が見舞いに来た随行員に向かい、

「おらを殺したら自由が死ぬろかねや」

と、方言で述懐した逸話がモデルではないかとしている。

いかなる束縛も受けない、崇高な意味の「自由」とは幕末、福沢諭吉による訳語である（異説あり）。それ以前の「自由」とは無法や、わがままを指すマイナスイメージの強い語だった。だから事件当時、「自由」は日本人にとり、プラスイメージで使い始めてせいぜい十数年しか経っていない、新しい語でもあったのだ。

それだけに、「自由」の語を強烈に印象づけたことでも、岐阜事件は重要である。

早くも十数日後には岐阜事件を扱った読み物風の書籍が出版されたり、劇化されたり、錦絵の題材にもなったりして、庶民にも広まった。

「板垣死すとも」云々の言が、自由党や板垣のイメージを形成し、政治的に役立ったのも確

かであろう。板垣の墓の傍らには五十回忌を記念し、この言を刻んだ石碑が建てられている。

板垣に謝罪した刺客

板垣退助を襲った相原尚褧は明治二十二年（一八八九）三月、憲法発布の大赦により釈放される。

事件当時、民間人だった板垣退助を襲撃した罪は国事犯ではないから、恩赦には該当しないとされた。それを板垣が明治天皇に哀願したので、実現したという。

その年五月十一日、相原は河野広中・八木原繁祉の紹介状を得、八木原に伴われて東京芝・愛宕町の板垣宅を訪ねている。

謝罪する相原に対し、板垣はその出獄を喜んだ。そして、

「男子一念、惟《ただ》国を思ふに斯くの如き心を持たずして、何事を成せん」

と励まし、自分も幕末の頃は中岡慎太郎から命を狙われるも、後に和解したなどと話す。

さらに、自分が国の行く末を誤らせることがあれば、再び刃を向けるようにとまで言った。

ひたすら恐縮しながら相原は、今後は北海道開拓に従事するつもりだと述べた。そして四日市から海路北海道に向かったが、途次、遠州灘で船から海中に転落死する。享年三十六。東京・白金（現在の港区）の立行寺に葬られた。

悔悟の念から自殺したとか、博徒に金品を奪われて殺されたとか、板垣暗殺証拠湮滅のために消されたとか、色々と噂が立ったものの、結局よく分からないまま迷宮入りしてしまった。

二　森有礼暗殺

憲法発布の朝の凶事

誕生以来、太政官制《だじょうかんせい》を続けて来た明治政府は明治十八年（一八八五）に内閣制に替わり、初代総理大臣に長州藩出身の伊藤博文が就任した。

明治二十一年四月、伊藤は枢密院議長となり、総理の座を薩摩出身の黒田清隆《きよたか》に譲る。そして井上毅らと、憲法草案の作成に全力を注いだ。

こうして完成した「大日本帝国憲法」は明治二十二年二月十一日に、欽定憲法として天皇の名で発布されると決まった。だが、日本じゅうが祝賀ムードで沸く式典当日の朝、初代文部大臣の森有礼《もりありのり》が暗殺されるという、血なまぐさい事件が起こってしまう。

森有礼は、薩摩藩の出身である。幕末にはイギリスに秘密留学し、さらにロシアを旅してアメリカでも学んだ。

維新後は駐英大使など、主に外交官として活躍。伊藤内閣の文部大臣になり、黒田内閣でも留任して学制改革を進めていた。また、明六《めいろく》社《しゃ》の啓蒙活動を主導して、日本語の廃止、英語の国語化を唱えたりしたから、「洋癖」と非難する者も少なくなかった。

憲法発布の日の午前八時過ぎ、森は宮中正殿の大広間で挙行される式典に出席するため大礼服に身を包み、麹町永田町の自宅を出ようとしていた。

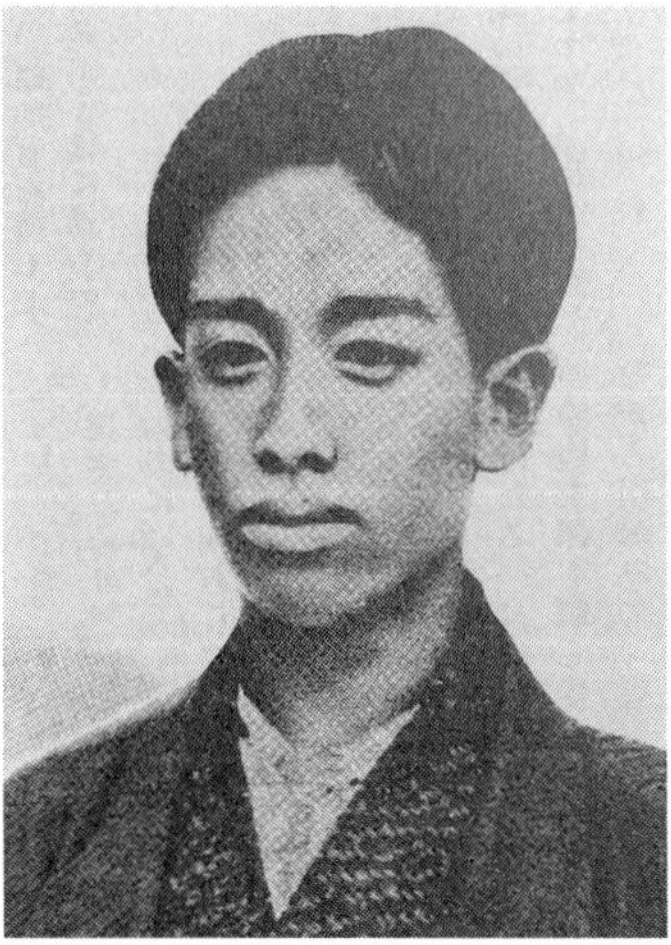

森有礼を暗殺した西野文太郎。

そこへ羽織袴の正装をした、西野文太郎《ぶんたろう》と名乗る若い男が訪ねて来る。取次ぎに出た家令が来意を問うと、森の参朝を狙って暗殺を企む者がいるから、直接会って話したいと言う。家令は中川秘書官に、つづいて中川は二階の自室にいた森にその旨を伝える。着替え中だった森は、聞いておくようにと命じた。そこで中川は西野を応接室に招き入れ、あれこれと尋ねたが、要領を得ない。

間もなく、森が階段を下りて来るのを見た西野は応接室から飛び出し、懐中に隠し持っていた出刃包丁で森の左下脇腹を刺した。森は西野を鋭く睨みつけたが、一言も発せずその場に崩れ落ちた。

西野は逃げようとしたが、文部七等属庭田重秀に一刀のもとに斬殺された。西野は即死、享年二十五。

一方、腸に達する重傷を負った森は翌日午後十一時三十分に息を引き取った。享年四十二。墓は青山霊園に現存する。

暗殺者西野文太郎への非難の声

世間は最初、志半ばで殺された森有礼に対し、同情的だった。それは政府寄りとされた『東京日日新聞』二月十三日号の、次の記事を見ても分かる。

「誠に国務の一大臣として就職以来、教育の弘道に熱心せられ、為に全国学校の面目をも改めたるに、斬る不慮の毒刃に罹りて敢なく此世を逝り玉ふ。一人の御憾み、万民の歎き、殊には各学校生の愁傷は大方ならぬ事と思はる」

翌十四日の『時事新報』は「発布の帝国憲法たる、千載一遇の吉辰を汚した西野文太郎」の題のもと、「今上陛下が祖宗の遺訓を紹述せられたる」、天皇や国民にとり大切な日に事件を起こした西野を非難する。

同紙が「仮に一歩を譲りて西野の旨意を尤もなりとするも、然らば其前日に刃を加ふるの機会なかりしや抔」とするのは、テロ自体を否定していないようにも読めるが、いずれにせよ西野の行為は、天皇に対して不敬だと主張する。

森有礼に関する噂

ところが、森と西野の評価が逆転してゆく。西野が所持していた斬奸状には、暗殺の理由として、森の伊勢神宮に対する不敬を挙げていたことが、明らかになったのだ。

前年十一月、神宮に参詣した森は土足のまま神殿に昇り、杖で神簾を掲げて中をのぞき、拝みもせずに去ったという。

すると暗殺事件から十日余り経った二月二十四日の『東京日日新聞』には、森の不敬を目撃したという、現地在住の「通信員」なる者（名前無し）の談が載る。同紙によると、その日、禰宜《ねぎ》の尾寺信が随従して森を社殿に案内した。つづいて森は、次のような行為に及んだという。

「大臣は何思ひけん、ヅカヅカと進み入り、右手に携へし『ステツキ』を以て御門扉の御帳を高く揚げたるを、尾寺禰宜は此門内には、皇族以外の入内するを禁ずる旨を申通じたるに、大臣は僅に頷づき、左手に帽を脱して此所に初めて参拝を遂げ、其儘帰路に就き…」

森は、かりにも現役の文部大臣である。伊勢神宮でわざわざ、このような常軌を逸した行動に出るとは考え難い。

これらは森を極端な欧化主義者、キリスト教信者と決めつけて敵視した神官たちがでっち上げ、流したデマといわれる（犬塚孝明『森有礼』昭和六十一年）。そして、記事にも出て来る禰宜の尾寺信が、噂作りに関与していたと見られる。

長州藩出身の尾寺は若いころ藩校明倫館で学び、松下村塾で吉田松陰に師事した。万延元年（一八六〇）には高杉晋作らと共に海軍修行のため、江戸へ官費遊学しているから、将来を渇望されたエリートだったのは間違いない。

その後も尾寺は尊攘運動に奔走したが、維新後の経歴は政治家や軍人として栄達を遂げた同志たちと比べると、いまひとつパッとしない。

明治九年に司法省に十一等で出仕し、社寺を管轄する教部省に転じだが、間もなく萩に帰郷して、村会議員などを務めている。

それでも明治十三年（一八八〇）九月に内務省から、伊勢神宮禰宜（月俸十五円）に補された。海原徹『松下村塾の明治維新』では「この突然の宗教界入りはいささか分かりにくいが、神道国教化を推し進めて来た教部省官僚としての前歴が評価されたのだろう」などと、述べられている。

森の何らかの挙動を悪意に解釈して誹謗、中傷した観が無きにしもあらずである。それに森は、神宮の大きな収入源であった新宮暦を、学問的立場から東京大学の作成、大蔵省印刷局の製造と改めていた。このため、神宮は経済的に大打撃を受けた。尾寺からすると森は、確かに面白くない存在だったのだ。

ところが、暗殺事件を引き起こしてしまったため関係者の証言が食い違い、いまだ真相ははっきりしない。

いずれにせよ、西野が噂を真に受けて凶行に及んだのは、確かのようだ。斬奸状では、次のように述べている。

「有礼の不敬を大廟（伊勢神宮）に加へしは即ち皇室を蔑如せしたるものにして、立国の基礎を傷《やぶ》り、国家を亡滅に陥るるものなれば、余は帝国臣民の職分として袖手傍観するに忍びず、敢て宝剣を以て其首に加ふ」

こうして事件は純粋過ぎる国粋主義の若者によるものとされ、伊勢では西野の追弔祭が行われたりした。つづいて政府が進める急激な欧化政策に対する反発が、西野に対する同情になってゆく。

森の妻寛子（岩倉具視の五女）は事件から三十年後、森の思い出を新聞紙上に語り残している。

「主人は常に国家および正義という事を、私共に説き、聞かせたとはいえば、外国人の応対の如きも、少しも外交辞令を飾らず、最初から正義であるか否かによって、その問題を解決するというふうで、少しも飾り気がなかったから、思わぬ他人の誤解を招く事がありましたが…」

「とにかく主人は極端な進歩的な人でしたから、保守的な旧思想家からは誤解を受け、それが間違いの種になったのです」

寛子は森の二度目の妻で、事件当時は結婚からまだ一年半しか経ていなかった。それでも森の「誤解」されやすい性質を、良く理解していたのである（拙著『語り継がれた西郷どん』平成三十年）。

西野文太郎の経歴

事件の翌々日、『東京日日新聞』には西野文太郎の略歴が掲載されているが、その風貌を、「丈《たけ》（身長）低く、眼鋭く、処要に非るよりは漫に人と語を交へず。偶々語るや音声壮大にして一癖あるべき面胆なり」

と、紹介している。

さらに翌月には『西野文太郎の伝』（明治二十二年）という十一ページの小冊子が出版されたりした。

これによると西野は慶応元年（一八六五）九月九日、長州藩士の子として萩城下に生まれた。維新前後の同藩の分限帳を集めた『萩藩給禄帳』（昭和五十九年）には、該当する家が見当たらないから、卒と呼ばれる下級武士身分と考えられる。

父は最後の藩主毛利敬親《たかちか》を祭神とする山口の野田神社に奉仕した。そのため幼い西野も家族と共に山口に移り、ここで育つ。

明治十四年より山口県収税課の役人として働き、数年後、上京して学ぼうとしたが上手くゆかず、明治二十一年（一八八八）三月、内務省土木局会計課職員となる。

そのころ西野が好んで読んでいたのが「維新前後勤王愛国の為めに忠死したる人々の遺書」で、特に吉田松陰の『武教講録』に熱中した。これらの書物に影響を受け、頭でっかちの「志士」が生まれたのだろう。西野にすれば、松陰は親世代にあたる。

七月には四国徳島への第五区土木監督署へ転勤するが、同地の新聞で森有礼の伊勢における不敬を知った。そこで森暗殺を決意したのか、懇願して東京勤務に戻してもらう。

ふだんと変わった様子は無かったという西野だが、事件ひと月前の一月十一日、宮城移転のさい外国人がその道筋を横切ったのを見て、

「時が時ならば、余は斯《かか》る無礼千万の外国人は一刀の下に斬捨て、我神国の武威を示すべきに」

と、友人に語った。あるいは、

森有礼。

「はだへたに傷つけまじと思ふ身もいかでをしまん国のためには」

との過激な歌を詠んでいる。こうて森暗殺へと突き進んでゆく。

西野が即死したせいもあり、背後関係の有無はいまもって判然としていない。

長州出身の軍人政治家三浦梧楼《ごろう》が、黒幕との説もある。三浦の回顧録『観樹将軍縦横《かんじゅしょうぐんじゅうおう》録《ろく》』（大正十三年）によれば三浦は同郷のよしみで、西野に蔵書を読ませたりと、何かと面倒をみていた。

事件を熱海で知った三浦は、西野の遺骸を谷中《やなか》に埋葬するよう指示する。それから馬車で葬儀場に乗り込んだので、警察は三浦が森暗殺を教唆《きょうさ》したと疑い、一時は召還の話まで出た。だが、証拠が出なかったのと、三浦の態度が堂々としていたため疑いは晴れる。後日、警視庁の者は、三浦に謝罪したという。

いまから二十年ほど前、神戸の古書店で西野に関する史料一括を見たことがある。斬奸状の写しなどに交じり、東京にあった長州の不平士族グループ「背水庵」に西野が出入りしていたことを示す史料があった。

薩長出身者の、誰もが栄達を遂げたわけではない。不遇の者も多く、彼らが抱く負の感情に囲まれながら、西野は人生の多感な時期を過ごしたのかも知れない。そして最後は、自分の「正義」にのめり込んだのだろう。

西野文太郎の墓

世間の同情は、ちょっとした西野文太郎ブームを巻き起こす。

二十円、三十円といった大金が、祭祀料として遺族に届く。東京に嫁いでいた西野の妹宅に、投げ銭をして拝んでゆく者もいたという。ついには、西野のプロマイドまで発売されている。

『東京日日新聞』二月十七日号には、西野が同月一日頃、新吉原の河内楼で遊んだ際、短刀を懐にしていたのが見つかり、警察署で取り調べを受けたという話が出ている。それから西野は再び河内楼に戻り、芸妓など数名を呼んで遊び、勘定を済ませて「悠然」と立ち去ったという、武勇伝になっている。

あるいは同紙二月十九日号には、麹町区役所から依頼され、西野の遺骸を運んだ二人が羽織や袷、袴、帯といった衣類をことごとく遺骸から剥ぎ取って売ったのが発覚し、重禁固六カ月に処されたとの記事が見える。

西野に関する話題ならば、何でもネタになるといった感じだ。

青山に仮埋葬された西野の遺骸は、友人たちが東京谷中の天王寺墓地に埋葬した。するとその墓は、一躍名所になってゆく。

詩人高村光太郎は子供の頃の思い出として（おそらく明治三十年代前半）、西野の墓を砕き、かけらを懐にして籤を引くとよく当たったと述べている（「回顧録」）。

鼠小僧の墓を欠くのは有料だったが、西野の墓は無料なので、願かけする者が押し寄せたともいう。義賊とされる鼠小僧と西野には、言うまでもないが、直接的な思想的繋がりは無い。

山口市神福寺の西野文太郎の墓。

こうなると、西野の国粋主義とか、森の欧化政策とか、あるいは暗殺の是非とかいった問題は、どこ吹く風という感じだ。現世利益を求める庶民が、無責任に何らかのシンボルを求めた結果に過ぎない。

このような、現代の日本でも起こりうるようなテロリストに対する人気は、外国人の目には異常なものに映ったようだ。ドイツ人医師ベルツは、怒りをもって次のように日記に記す。

「西野の墓では、霊場参りさながらの光景が現出している！特に学生、俳優、芸者が多い。よくない現象だ。要するに、この国はまだ議会制度の時機に達していないことを示している。国民自身が法律を制定すべきこの時にあたり、かれらは暗殺者を賛美するのだ」（『ベルツの日記』）

これだけ話題になった谷中の西野の墓は時山弥八『関八州名墓録』（大正十五年）には記載があるものの、現在はそれらしいものが見当たらない。故郷山口の神福寺にも立派な墓が建てられたが、こちらは欠かれることなく現存している。

三　大隈重信暗殺未遂

条約改正問題

徳川幕府から政権を奪った明治政府が抱えた大きな課題は、幕末のころ西洋列強との間に締結された不平等条約の改正だった。

領事裁判権（外国人犯罪者を裁く権利を、日本ではなく、その国の領事が持つ）を廃し、関税自主権を回復して、主権国家としての地位確立を目指したのである。

維新以来、不平等条約の改正に取り組んで来たのは、外務大臣の井上馨だった。だが、井上が示した改正案はお雇い外国人の判事を法廷に置くなどの点で不平等、屈辱的なものとされ、激しい反対運動が起こって、頓挫した。

井上馨からバトンを引き継いだのが、外交手腕で定評のある、立憲改進党の党首大隈重信である。

肥前佐賀藩出身の大隈重信は伊藤博文と並ぶ、大久保利通の後継者だった。だが、明治十四年（一八八一）の政変で失脚して、野に下る。そして日本初の政党である立憲改進党を立ち上げ、東京専門学校（現在の早稲田大学）を創設した。それだけに大隈待望論は官民共、盛り上がってゆく。

明治二十一年二月、第一次伊藤博文内閣（四月からは第一次黒田清隆内閣）の外務大臣に就任した大隈は、外国人判事の任用や欧米流の法典編纂を軸に領事裁判権を撤廃させようと、各国公使と交渉を進める。

ところが、外国人の裁判官を日本の大審院に置くことは、外国の法権を伸暢することでもあった。また、憲法十九条の、日本人の権利を規定した条項にも違反するなどの指摘もあった。

このため、官民両方から対等な条約ではないとの激しい非難の声が沸き起こった。

新聞各社も一丸となり、反対記事を掲載する。十月十五日には御前会議で討議されたが、結論が出ないまま打ち切りとなった。それでも剛健な大隈は首相黒田らの支持を背景に、持論を通そうとする。

霞ケ関の変

明治二十一年（一八八八）十月十八日、閣議に出席した大隈重信は宮城を辞し、桜田門を出て霞ヶ関の外務省に戻るべく、二頭立て馬車を走らせた。

午後四時過ぎ、まさに表門内に入ったところでフロックコートに身を包み、高帽をかぶった一人の男が走って近づいて来て、ハンカチ包みを馬車の左側から真上に投げつけた。それが門柱（馬車の泥よけとも、幌とも）に当たるや、凄まじい爆音を発し、地上が振動した。

弾片は飛び、大隈の右足の膝口に当たる。それでも大隈は悠然とし、「ばか」と一言大喝したという。のち、事件は「霞ケ関の変」と呼ばれた。

駆けつけた医師ベルツは大隈の傷を観察して、次のように日記に記す。

「右足内側のくるぶしの上方にある傷は、その個所で脛骨を完全に粉砕していた。その上方の第二の傷はひざ関節の内側下方にあって該関節内への粉砕骨折をともなっていた。脛骨の中間部も同様に全部粉砕されていた」

そして官邸にかつぎ込まれた大隈は、医師佐藤進らの外科手術により、右足を切断した。その時の様子は、『東京夕刊新報』に次のように出ている（『玄洋社史』大正六年）。

「佐藤博士は大腿部の三分の一の箇所（上の三分の二を残し）から輪切りにして生肉を残して、瀧の如く流れる血潮に鋸を加へてゴリ〳〵と骨を截《た》ち切つて了《しま》つた」

切断された大隈の右脚は大型の円筒ガラスの中でアルコール漬けにされ、後に赤十字の中央病院に寄贈された。今日も東京の日本赤十字看護病院に氏名は無く、「爆創」の標本として保存されているという。

また、遭難時の大隈の衣服や帽子・靴なども保存された。現在は早稲田大学が所蔵しているが、特にズボンの右脚部分は激しく破れ、おびただしい血痕が散っている（早稲田大学編『図録大隈重信』昭和六十三年）。それが明治四十一年頃には東京大丸呉服店の日本服装展覧会に

条約改正を進めた大隈重信。

も陳列され、大隈みずから新聞記者相手に事件を説明したというのは、武張ったことを好む、武士の時代の名残りと言えるかも知れない。

刺客来島恒喜のこと

大隈重信に爆裂弾を投じた刺客は、大隈の条約改正案に激しく反対する福岡士族の来島恒喜《くるしまつねき》だった。

安政六年（一八五九）、福岡城下に生まれた来島は、もと玄洋社の社員で、高場乱や頭山満らの薫陶を受けて来た。

玄洋社は明治十四年（一八八一）二月、平岡浩太郎を社長として、頭山満・箱田六輔らにより創立された。福岡の不平士族らによる民権結社の向陽社を、母体とする。「皇室を敬戴すべし」「日本国を愛重すべし」「人民の権利を固守すべし」を、憲則で謳っていた。

しかし明治十九年には「宜しく日本の元気を維持せんと欲せば、軍国主義に依らざるべからず」として自由民権から離れ、国権強化、対外強硬の主張を強めてゆく。

玄洋社に入った来島は、朝鮮独立運動に係わったりしたが、言論では政府を動かせないと考えるようになる。そして八月十七日、博多から上京の途に就く。東京着後は旅宿を転々としながら、大事決行の機をうかがった。

だが、大隈の警備は厳しく、面会は出来そうにない。刀で刺すのも難しい。そこで来島は伝を頼り、爆裂弾を入手した。事件直前には井伊大老を暗殺した水戸浪士に倣って、愛宕山に参詣している。

こうして単身、大隈目がけて爆弾を投げた。もし、失敗すればただちに馬車に突入し、持参していた左文字の短刀で、大隈を刺すつもりだったという。

だが、来島は硝煙の中で、大隈は斃れたと見た。そこで外務省の門を出て宮城方面を拝み、短刀を自身の後頭部に突き刺して前頸部まで右に引き回し、首の半分を裁断して果てたのである。享年三十一。

大隈重信に爆弾を投げつけたあと自決した来島恒喜。

玄洋社が有名に

大隈重信は右足を失ったものの、一命はとりとめた。だが、事件の影響により明治二十一年（一八八八）十月二十五日、黒田清隆は総理職を辞任し、後日大隈も外務大臣の座を去る。条約改正は、大隈自身の手で成し遂げることは出来なかった。

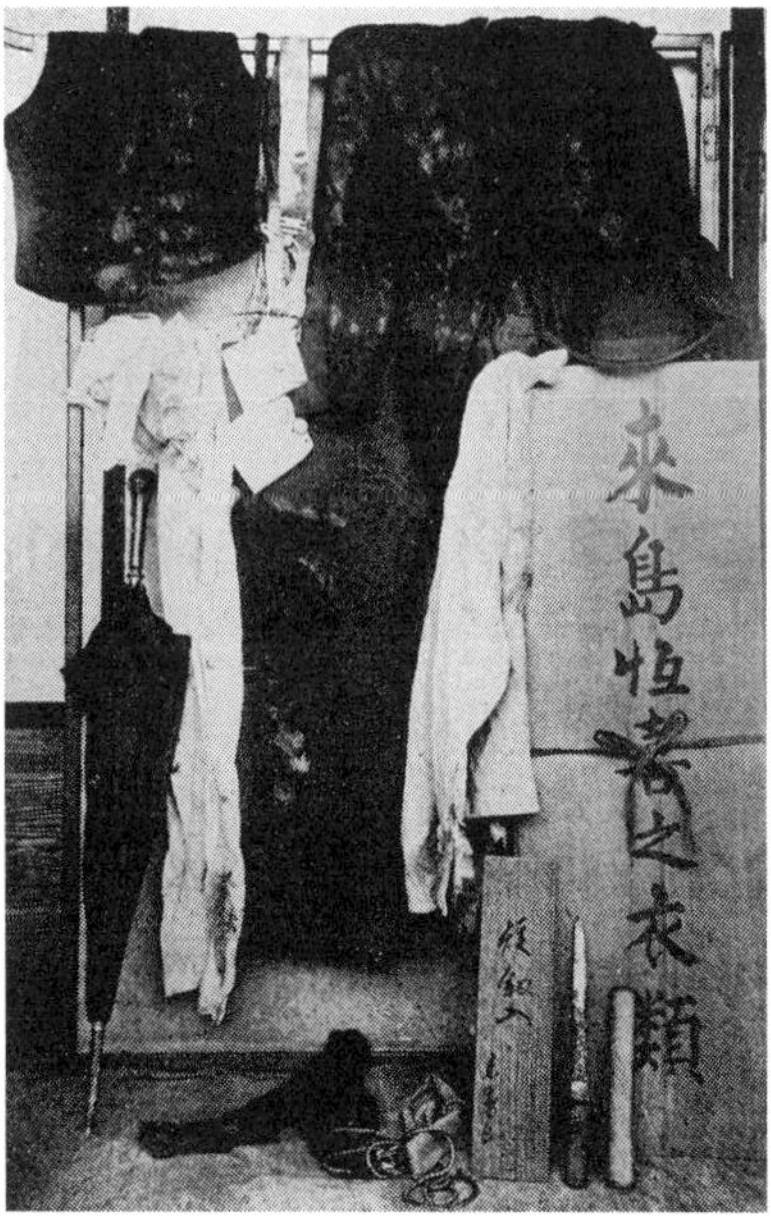

血に染まった来島の衣服（『来島恒喜』）。

警察サイドは、事件の背後に玄洋社があると睨んだ。

このため、東京で浦上正孝・久世久・月成光・月成功太郎ら、福岡で平岡浩太郎・進藤喜平太ら、大阪で頭山満ら玄洋社員の三十数人を拘引したが、結局証拠が見つからず、放免せざるをえなかった。しかし、的野半介『来島恒喜』（大正二年）や『玄洋社史』を見ても、社員が爆裂弾の調達を助けたり、大隈の動静を探ったりしており、玄洋社が深く係わったテロ事件だったことは確かだろう。

また、『玄洋社史』は新潟県中蒲原郡満願寺村に住んでいた、石川団次郎という男の逸話を紹介する。

石川は大隈の条約改正案に反対し、同志と共に上京して、大隈を狙った。「時に全国の志士にして志を同うして滞京せるもの尠《すくな》からず」とあり、いくつかのテロリストグループが先を競い、大隈を狙っていたことが察せられる。「各県の志士、来島に先鞭を着けられしを悔みしと云ふ」とも述べており、もし、来島がやらなくても、誰かがテロ事件を起こしていた可能性は高い。

来島の最期につき石川は、次のように絶賛する。

「大隈を刺せる来島が、其の場を去りもやらず、家伝の宝刀左文字の名剣を以て自刃せるは、実に古武士の如き態度にして、当時吾等来島と志を同うするもの、来島の行を壮とし、且つ其の意気に感じ、皆暗涙に咽びたりき」

こうして玄洋社の名は、一躍全国に知られることとなり、以後、政財界への影響力を強めてゆく。

神格化されるテロリスト

玄洋社の名を全国に轟かせた来島恒喜は、神格化されてゆく。

東京・青山南町の龍泉寺における来島の葬儀は官憲を憚って、同志たちが中心になり特に質素に済ませた。

だが、十一月一日に福岡の崇福寺で行われた葬儀には、五千人以上が参列する。そこで頭山満が読んだ弔詞《ちょうじ》に、

「天下の諤々《がくがく》、君が一撃に如《し》かず」

の一節がある。諸々の議論や直言よりも、来島の投げた一発の爆裂弾の方が効果があったというのだ。事実、大隈の条約改正案は阻止されたのだから、是非はともかく、テロの有効性は証明されたのである。

来島の墓所は東京・谷中と崇福寺玄洋社墓地の二カ所に設けられた。

谷中のは一周忌に頭山が自費で建てたもので、遺髪が埋められた。「来島恒喜之墓」の碑銘は古荘嘉門の依頼により、旧幕臣で新政府の海軍卿を務めたこともある勝海舟が揮毫している。

海舟もまた、大隈の条約改正案に異を唱え、生前の来島とも面識があった。それにしても、政府の高官だった者が、政府の現役高官を襲ったテロリストの墓碑銘を堂々と揮毫するなど、現代では理解し難い感覚だろう。この墓碑は後年、関東大震災で倒れたため、頭山が再建して現存する。

来島の遺体は東京で荼毘にふされ、遺骨は村上辰五郎によって福岡に帰った。そして葬儀が行われた崇福寺に埋葬され、墓が建てられた。こちらの墓碑銘は、師の高場乱が揮毫している。

自決時の血に染まった来島の衣服や洋傘、短刀、ポケットの中の二十銭銀貨に至るまで、その携帯品は崇福寺で大切に保存された。戦後、ＧＨＱの指令で玄洋社は解散。昭和五十三年（一九七八）に玄洋社記念館（福岡市中央区舞鶴）が開館すると、遺品はここで展示公開された。だが、平成二十年（二〇〇八）に同館が閉館し、以後は他の資料と共に福岡市博物館に寄託されている。

来島恒喜を絶賛する大隈

大隈重信は来島恒喜の福岡での葬儀に、仏前を送った。後年、九州へ旅した際は使者を来島の墓に参らせたりと、何かと気を遣っている。

さらに驚かされるのは、事件から十七年後の明治三十九年（一九〇六）、東京築地本願寺で開かれた玄洋社初代社長平岡浩太郎の追弔会に大隈が出席し、「来島の挙は犠牲的愛国の発現なり」として始めたスピーチの内容である。

「元来人を殺す奴は臆病者である。人を殺して自己も死ぬといふ様な勇者は少い…目的を達して現場で死ぬ…何と武士として美はしい覚悟では無いか。来島の最後は、彼赤穂義士の最後よりも秀れて居る。豪い、慥《たし》かに豪い。赤穂義士が不倶戴天の仇たる吉良の首級を挙ぐると直に、何故吉良邸で割腹しなかつたか。首を提げて泉岳寺へ引揚げたのは、武士の原則からいふと間違つた話だ。即ち其動機に於ては、赤穂義士と来島とは、天地霄壌の差違はあれ、其結果に於ては、来島の方が天晴である…我輩は彼の為に片脚を奪はれたが、併し彼は実に心持の可《よ》い、面白い奴と思つて居る」

事件当時より、来島が自らを犠牲にしたのを称える声は確かに多かった。大隈自身がここまで度量の大きさを見せつけたのも、来島に負けまいとする「武士」としてのプライドだったのかも知れない。

なお、事件後の大隈は第二次松方正義内閣で再び外務大臣を務めたり、二度組閣するなど政界で活躍し、大正十一年（一九二二）一月十日、八十五歳で没している。一週間後、東京・日比谷公園で行われた葬儀は、一般も参列出来る国民葬（国葬ではない）で行われた。これには一説によると三十万人が参列したと言われ、民衆に人気のあった政治家だったことが分かる。

四　大津事件

ロシア皇太子の遭難

ロシア皇太子ニコラス・アレクサンドロヴィッチ（のち皇帝ニコライ二世）は甥のギリシア皇子ゲオルギオス親王とともにシベリア鉄道起工式に出席する途次、来日することになった。

明治二十四年（一八九一）四月、軍艦七隻を率いて長崎に到着し、鹿児島、神戸、京都、横浜を経て東京で参内、仙台、青森を経てウラジオストックに向かうとのスケジュールである。時の第一次松方正義内閣はニコラスを国賓として待遇したため、各地でも盛大に歓迎されたが、警備もまた厳重をきわめた。

一方、ロシアの韓国進出に対する危機感から、日本では反露感情も高まっていた。そのためニコラスは、物見遊山ではなく日本の地理形成を偵察に来たのだ、との噂も立つ。

五月十一日午前七時半（八時とも）、京都・河原町のホテルを発ったニコラスは人力車で滋賀県大津町（現在の大津市）に入り、三井寺や琵琶湖などを見物後、滋賀県庁で休憩して昼食をとった。

午後一時半、京都に戻るため県庁を出た一行は京町通小唐崎通を進んだが、警備の列にいた巡査津田三蔵がサーベルを抜き、いきなり人力車上のニコラスを二回にわたり斬りつけた。ニコラスは右耳上部を負傷した上、斬撃により頭蓋骨にヒビが入った。

ロシア皇太子が襲われた大津事件の現場。

ニコラスは一旦県庁に引き返し、それより馬場停留所から汽車で京都まで行く。午後五時十五分に旅館に入って、ただちに馳せ参じた医師たちから治療を受けた。

これが「大津事件（湖南事件）」の発端である。

京都に急行した明治天皇

なにしろ、相手は世界最大の陸軍を持つロシアだ。

急電に接した政府は慌てて御前会議を開き、まず深甚なる謝意を示す親電をロシア皇帝に発した。前後して政府要人も見舞のため、続々と京都に向かう。

特に明治天皇はその日のうちに、

「暴行者を処罰し、善隣の交誼を毀傷《きしょう》することなく、以て朕が意を休めよ」

との詔勅を下す。翌十二日早朝には臨時汽車に乗って京都に向けて行幸し、率先して誠意を示した。

十三日午前中、ニコラスを常盤ホテルに見舞った天皇はその要望を聞き入れ、午後には神戸まで列車で同行した。その日の『東京日日新聞』には、ニコラスの、

「予は決して一暴漢の為めに、貴国の是れまでに尽くしたる厚意は忘れず」

の言を載せている。

日本国民は、事件を口実にロシアが戦争を始めるのではないかと危惧し、神経を尖らせていたから、この一言はそれなりの効果があっただろう。

ニコラスは予定を変更して十九日、神戸港を発ち、ウラジオストックに直行した。出帆にあたりニコラスはロシア軍艦に天皇を招き、晩餐を共にする。

十五日、京都で御前会議が開かれ、ロシアまで謝罪の特派全権大使として有栖川宮熾仁親王が、副使として子爵榎本武揚（千島樺太交換条約をロシアと結んだ、ロシア通）が派遣されることが決まったが、これは後日、ロシア側が電報で固辞の意を伝えて来たため、中止となる。

十六日には滋賀県知事、警察部長ら責任者が免官となった。

畠山勇子の自害

ロシア皇太子に突じょ降りかかった災難に対し、日本国民の多くは謝意を表した。

そんな中、明治二十四年（一八九一）五月二十日には畠山勇子《はたけやまゆうこ》という二十七歳の女性が京都府庁前で自殺して、大ニュースとなる。

『東京日日新聞』五月二十四日号によると、同月二十日午後七時頃、京都府庁の門番所に、千葉県畠山勇子より露国大臣宛と日本政府旦那様宛という二通の書面を届けた、人力車夫があった。これを門番はただちに警察部に届けたが、訝しい文章なので、差出人を調べようとした。その矢先、門外で婦人が自殺しているとの知らせが入る。

通報を受けた警官が駆けつけたところ、剃刀で喉と胸部を深く切り、死後見苦しくないよう両足を手ぬぐいで縛った女性が倒れていた。しかし、死にきれておらず、天を指して「苦しい、苦しい」と大声で叫ぶ。そこで医師が治療したが、深手だったから、間もなく絶命したという。

自殺した畠山勇子は慶応元年（一八六五）、安房国長狭郡横渚（現在の千葉県鴨川市）の農家に生まれた。十七歳で結婚したが、二十三歳で離婚し、上京して女中やお針子をして生計を立てていた。父や伯父の影響から、政治に関心が強かったという。

ロシア皇太子が遭難するや、五月十九日、汽車で京都に向かった。京都では清水《きよみず》のゆかりの寺を訪ね、

「今日参るちなみも深き知縁寺の景色のよさに憂ぞ忘れるる」

と詠んだ。最期のひと刻を、楽しんでいたのだろう。そして全部で十通とされる遺書を残し、果てたのである。

勇子の死が、リアルタイムでロシア側へ影響を与えたか否かは、よく分からない。当初は国内でも、冷ややかに見る向きも少なくなかった。大体、これは武士の行為であり、庶民の

女性が行うことに、違和感があったのだろう。

むしろ外国の知識人の中に衝撃を受ける者があり、京都・大宮通り松原の末慶寺（浄土宗）に建てられた「烈女畠山勇子墓」には、後年イギリス人（のちに日本に帰化）ラフカディオ・ハーン（小泉八雲）やポルトガルのモラエスといった外国の文人も参っている。やがて国内でも国家主義が浸透し、対外戦争が繰り返されるのに伴い、勇子顕彰の動きが強まってゆく。

末慶寺には自殺に用いた剃刀など、勇子の遺品が伝わっている。故郷鴨川の観音寺にも分骨されたが、同寺では五十回忌となる昭和十五年（一九四〇）、鴨川国防婦人会などが顕彰碑を建立した。また勇子遺愛のひな人形も蔵されており、桃の節句には本堂内に飾られるという。

津田三蔵の処罰をめぐり

「大津事件」は犯人処罰をめぐる司法への政治介入が、重要な問題となる。

事件勃発の直後から、日本側はロシア側の感情を損なわぬよう懸命だった。一方ロシア側の態度は、表面上は冷静だった。

ニコラスに斬りつけた津田三蔵は当時、三十七歳。伊勢・津藩の藩医の子として生まれ、

ロシア皇太子ニコラスに斬りつけた津田三蔵。

津田三蔵の墓（手前）。

明治五年（一八七二）に東京鎮台に入り、同十年の西南戦争では勲功を立てて軍曹となる。のち、紆余曲折を経て、滋賀県巡査の職を得た。

検事の取り調べを受けた津田は、ニコラスが日本を横領する野心で地理を観察しに来たため斬りつけたとか、上京して参内する前に各地を遊覧するのは不敬だとか言った。

津田には精神病歴があり、殺意の有無については判然としていない。政治的な背後関係は無いようだが、日本じゅうを覆っていたロシアに対する嫌悪と恐怖の感情に、影響を受けていたと推測される。

国民世論は政府の意向に従い、はじめ津田に対し激しく憤っていた。だが、やがて共感、同情の声も出て来る。

松方正義内閣は刑法一一六条、つまり皇族に対する犯罪と同様に扱い、津田に死刑判決を下すよう大審院に強く求めた。ニコライ来日前、ロシア公使シューヴィッチと外務大臣青木周蔵との間で、万一の場合は一一六条で犯人を処罰するとの約束が交わされていたのも大きい。

大審院判事は大津に出張して大審院公判廷を開くが、大審院長の児島惟謙《いけん》はじめ司法部は一般人に対する謀殺未遂の刑法二九二条・一一二条で津田を処理するのが妥当であると解釈して、政府側の圧力に屈しなかった。

二十二日朝には東京に遷幸する明治天皇がわざわざ大津で列車を止め、大審院の井上正一・木下哲次郎両判事を引見して、

「今般露国皇太子に関する事件は、国家の大事なり。注意して速かに処分すべし」

との、意味深長な勅語を与えた。

それでも大審院は二十七日午後、被告津田に刑法二九二条第二項を適用して無期徒刑との判決を下す。司法権の独立を護ったのである。

このため二十九日、内閣を代表して死刑判決を求めるため、大津に来ていた内務大臣の西郷従道《つぐみち》と司法大臣の山田顕義《あきよし》は辞任した。

一方、政治の圧力に屈しなかった大審院長児島は「護憲の神」として、英雄視されてゆく。ロシア外相は判決に不満だったが、アレクサンドル三世が判決に満足するとの意を日本政府に伝えて来たので、外交問題としては一件落着した。明治天皇みずからが機敏に動いたことが、ロシア側で大いに評価されたようである。

津田は北海道の釧路集治監に送られるも、同年九月三十日、急性肺炎のため没した。世を憚るように遺族が建てた小さな墓が、三重県伊賀市上野寺町の大超寺に現存する。

その後、ニコラスは皇位を継承してニコライ二世となった。事件の際、頭蓋骨にひびが入ったため、生涯頭痛の後遺症に悩まされたという。以来日本を「猿」と呼び、蔑視するようになった。そうした悪感情が、日露戦争を引き起こした一因との指摘もある。

ニコライ二世は日露戦争、第一次世界大戦を指導するが、革命勢力を弾圧したためロシア革命を招き、一九一九年七月十七日、エカテリンブルクのイパチェフ館で家族とともに虐殺された。

なお、大津市の琵琶湖文化会館（平成二十年三月より休館）には尋問調書など事件の文書記録などとともに、津田が使った刃こぼれのあるサーベル、ニコライの血をぬぐったハンカチ、ニコライが難を逃れた時座った床几《しょうぎ》や座布団などが保存されている。

五　李鴻章暗殺未遂

日清講和談判始まる

朝鮮半島をめぐる日本・清国の利害対立から明治二十七年（一八九四）七月、豊島沖《ほうとうおき》の海戦により日清戦争が勃発した。戦いは第二次伊藤博文内閣のもと、近代兵器を備え、挙国一致体制を整えた日本が連戦連勝、優勢のうちに進んだ。

そこで清国は明治二十八年一月、アメリカ駐日公使の仲介で日本に和平を申し入れた。だが、日本は清国から全権使節を送るよう求め、申し入れを拒否する。

こうして、あらためて清国政府の指導者である李鴻章《りこうしょう》が、全権として日本にやって来た。対する日本側は、宰相伊藤と外相陸奥宗光が全権となった。

談判は本州最西端、山口県赤間ケ関（現在の下関市）の春帆楼《しゅんぱんろう》において開かれた。

三月二十日の第一回会談で、李は「講和」よりも、「休戦」の優先を望む。

二十一日の第二回会談で伊藤は、休戦優先の場合の条件を提示した。それは日本が大沽・天津・山海関各地および城砦を占拠するとか、費用はすべて清国が負担するなど、清国にとってはあまりにも苛酷な条件だった。李は顔色を失ったという。

それでも伊藤は優勢を背景に譲らないので、二十四日の第三回会談で李は休戦の要求を撤回して、日本側の講和条件の提示を求めた。

午後四時、会談が終わり、李は清国から持参した肩輿《けんよ》に乗って近くの宿舎である引接寺《いんじょうじ》に入ろうとした。すると、見物人の中から一発の銃弾が放たれた。犯人はただちに陸軍憲兵に取り押さえられたが、李は弾丸で左頬を負傷する。

李を見舞った伊藤・陸奥らは遺憾の意を表し、広島の大本営に滞在中の明治天皇は医師を派遣して、

「不幸危害ヲ使臣ニ加フルノ兇徒ヲ出ス。朕《ちん》深ク之《これ》ヲ憾《うら》ミトス」

などとする詔勅を出した。

日本側は事件による国際社会の批判や干渉を恐れ、台湾・澎湖列島を除く地方での三週間の休戦を無条件で認めざるをえなくなる。

日本の世論も李に対して、同情的だった。宿舎前には慰問の意を伝えようと、連日大勢の人が押し寄せた。

会談は四月一日に再開され（全治した李が出席したのは十日の第五回から）、十七日の第七回で「講和条約」が結ばれる。

戦争遂行を望む

厳重な警備の中、李鴻章を撃ったのは小山豊太郎（別名・六之助）という若者だった。群馬県邑楽《おうら》郡大島村の旧家出身で、当時二十七歳。

対外強硬論者で、この度の日清会談の失敗を望んでいた。徹底した戦争が遂行されたら、より、日本側に有利な勝利がもたらされると信じていたのである。さらに列強が干渉するな

らば、列強とも戦う覚悟を固めれば良いなどとする、後の超国家主義にも通じる精神論者だった。

所持していた斬奸状には、

「汝逆賊何ゾ生還ヲ許ス可《べ》キ、茲《ここ》ニ不肖天ニ代ツテ汝ヲ誅戮ニ行フナリ」

などと、李に対し過激な言葉を投げ付けている（田中時彦「李鴻章襲撃事件」『日本政治裁判史録　明治・後』）。

小山は裁判の結果、無期徒刑が確定したが明治四十年八月、皇室典範増補の制定による恩赦で仮出獄した。東京で結婚して書道塾や碁会所などを開き、昭和二十二年（一九四七）八月四日に没している。

六　閔妃暗殺

三国干渉に屈した日本

明治日本は国防上、朝鮮半島がロシアの影響下に入ることを恐れた。

このため日清戦争の講和条件の第一は、長らく清国の属国だった韓国の独立を認めさせることだった。さらに、遼東《りょうとう》半島を割譲するとの項目もあった。ところがこれに対し、ロシ

駐韓公使、三浦梧楼が考えた閔妃暗殺。

ア・ドイツ・フランスが圧力をかけて、還付を勧告して来る。いわゆる「三国干渉」である。

対抗する実力に乏しい日本は三国に抵抗するのを諦め、遼東半島を清国に返還した。このため日本国内では、三国干渉を主唱したロシアに対して、官民共に敵愾心が高まり、「臥薪嘗胆《がしんしょうたん》」が叫ばれ、軍備拡大に拍車がかかってゆく。

韓国李氏王朝の閔妃《びんひ》は、日本が「三国干渉」に屈したことを喜ぶ。そして駐韓ロシア公使ウェーバーに接近して韓国王朝の勢力を拡大し、韓国の内閣を支配して、日本側の圧力を排除しようと考えた。

こうした韓国側の動きに対抗するため明治二十八年（一八九五）九月、井上馨に代わり駐韓公使となって京城に着任したのが、三浦梧楼《ごろう》である。長州藩出身で、幕末のころは奇兵隊で勇名を轟かせた猛者だ。当時は宮中顧問官、陸軍予備役中将だった。

着任するや公使館に籠もった三浦は腹心と共に、クーデター計画を巡らせてゆく。まず、閔妃を暗殺して親露派勢力を一掃し、閔妃の舅で対立関係にある大院君を擁して、親日的政権を樹立する。大院君には王室事務のみを行わせ、国政事務には口出しさせないシステムを築くというものだ。そして大院君にも、これを承知させた。
三浦は後年、国王と共に謁見した閔妃の印象につき、
「女性としては実に珍しい才あるえらい人であった…実質上の朝鮮国王はこの王妃だといってもよいのである」（『観樹将軍回顧録』）
などと語っている。

王城でクーデター

こうして明治二十八年（一八九五）十月八日払暁、親日系韓国兵（訓練隊）と岡本柳之助・安達謙蔵ら日本人壮士は、大院君を奉じて韓国王城に突入した。

彼らは王室の居間を見つけると白刃を振るって乱入し、服装や容姿からそれらしき女官を三人殺害する。その遺骸を複数の女官に見せ、どれが閔妃なのかを確認した。

つづいて国王・大院君・公使三浦の三者会談を経て、親日派政権が誕生する。国王は、従来の王室政治が独裁的専横だったと反省する詔勅を発した。これが、韓国側で「乙未事変《いつびじへん》」と呼ばれるクーデターである。

公使三浦は同日中にアメリカ・ロシアの駐韓外交団から抗議的質問を受けた。だが、日本守備兵は国王の依頼で、騒擾鎮静の目的で出動したに過ぎぬなどと、言い逃れている。

また、三浦は事件を外務省に電報で知らせたが、日本人の関与については曖昧にした。

ところが、第二次伊藤博文内閣が調査させたところ、三浦らがクーデターを画策したと確信する。日本政府は特に三国干渉以後、対韓関係で西洋列強を刺激するのを恐れていたから、これでは国際的大問題になると危惧した。

それは、当の三浦も承知しており、

「今回ノ事件ハ全ク大院君派ト王妃派ノ争闘ニシテ、日本人ニハ関係ナシ」

と、隠蔽しようとする。それでも駄目な場合は、大院君と私的な交りがある日本人らが勝手に行ったことにして、数人を厳罰に処し、二十人ほどを退韓させれば済む程度に、考えていたようだ。

だが、伊藤は三浦はじめ岡本・安達ら事件に関係した五十余人の日本人に、召還を命じる。そして韓国朝廷には井上馨を慰問使として派遣し、事件は三浦らが独断専行で行ったのものであり、日本政府の意図するところではないとの声明を発した。これにより列強は、ほぼ静観する姿勢をとる。

三浦ら一行は宇品《うじな》（現在の広島市）に上陸し、広島監獄に投ぜられて同地の地裁で裁判を受けた。その結果、明治二十八年十一月十二日、被告四十八人全員に免訴が言い渡される。三浦らを閔妃暗殺の首謀者と認めながら、証拠不十分というのが理由だった。その方が、国益につながると判断されたのだろう。

韓国では翌二十九年二月に再びクーデターが起こり、親日派の多くが惨殺されて親露派が政権を奪う。こうして時代は、日露戦争へと駒を進める。

ちなみに三浦は明治四十三年に枢密顧問官に任ぜられたが、大正政変後は藩閥に抵抗する政党勢力に肩入れした。政界の長老となり昭和元年（一九二六）一月二十八日、八十一歳で没している。

七　星亨暗殺

東京市庁舎内での惨劇

東京市参事会議長で立憲政友会の実力者だった星亨《ほしとおる》は明治三十四年（一九〇一）六月二十一日午後三時過ぎ、東京市庁参事会議室で市長や助役、議員らと雑談していた。

そこに突然、扉を開けて身の丈が六尺余り、羽織袴を着けた和服姿の丸顔の男が入って来る。その風体は服装といい、年齢といい立派な紳士であり、誰も疑わなかった。

ところが男は短刀を抜き、目にも留まらぬ早さで星の背後から右助部を二、三回刺し、さらに腹部をえぐった。防ぐ間もなく星は血を吐いて椅子から床上に崩れ落ち、再び起き上が

東京市議会の実力者だった星亨。

らなかった。享年五十二。

嘉永三年（一八五〇）、江戸の貧しい庶民の子として生まれた星亨は、刻苦勉励により政党政治家として栄達を遂げた。憲政党の分裂や伊藤博文と結んでの立憲政友会成立などで重要な役割を果たし、政党内閣である第四次伊藤内閣では逓信大臣を務めた。

明治三十二年六月、東京市会議員に初当選した星は強引な手法で市政をみずからの支配下に置き、自党の勢力を拡大し、利権を獲得してゆく。一方つねに厳しい批判にも晒され、同三十三年十二月に東京市疑獄事件が起こった際は、市参事会員だった星も連座が疑われたりした。新聞では星のことを「公盗の巨魁《きょかい》」などと呼んだ。

星を刺殺した後、市会書記平賀信恭らにその場で取り押さえられた男はの名は、伊庭想太郎という。引き立てられて部屋を出た伊庭は、廊下を伝って階段を下りながら、

「天下の為に、天下の為に」

と怒号し、少しも屈する感じではなかったという。さらに府庁の門を出るや、懐中から

星の罪状を長々と列記した斬奸状を取り出し、読み上げた。

　このため群衆が集まり、警官も制止出来なかった。つづいて星はひとまず、警視庁に護送されて行く。

　伊庭家は代々幕臣の心形刀流剣術師範で、兄の八郎は明治二年に箱館五稜郭の戦いで死んでいる。

　伊庭は剛直、古武士のような人物で、小石川に私立農学校を設立したり、旧唐津藩主小笠原家の家扶となったり、日本貯蓄銀行頭取の椅子を得たりする一方、明治二十四年から八年間、四谷区議会議員を務めた。一時は四谷区の学務委員も兼ね、委員長にもなり、特に体育教育に熱心だったという。

星の右助部を短刀で刺し腹部をえぐって絶命させた伊庭想太郎。

　そして伊庭は、日ごろから星が疑獄に関係ありと睨んでいたようだ。

　東京市教育会の会長に星が推された時、同会発起人のひとりだった伊庭は憤慨のあまり退会したという。星が小学校の儒教的教育を「勿《なか》れ主義」と批判したのも気に入らなかった。こうした感情的な対立から、「江戸の士風」を改めるため殺害に及んだと供述している。

九月十日、東京地方裁判所で情状酌量もあり無期徒刑の判決を受けた伊庭は小菅《こすげ》監獄に入れられたが明治四十年十一月一日、胃癌で没した。享年五十一。

テロが必要と説く中江兆民

土佐出身の中江兆民は、自由民権の理論的指導者で、フランスの人民主権説を日本に紹介して「東洋のルソー」と呼ばれていた。

その中江が最晩年に著した随想『一年有半』（明治三十四年）の中で、当時起こった星亨暗殺事件につき語っている。

中江は星とも交流があったが、「生ける星は追剥盗賊にして、死せる星は偉人傑士なり、是非毀誉の常無き一に此に至る」と評す。その上で、

「苟《いやしく》も社会の制裁力微弱なる時代に在ては、悪を懲らし禍を窒《ふさ》ぐに於て、暗殺蓋し必要欠く可らずと謂ふ可き耶」

などと、暗殺という行為を肯定的に評する。

中江の目から見ても、明治日本はまだまだ暗殺を必要とする社会だった。

　また、中江は国権拡大を唱える玄洋社の頭山満《とうやまみつる》とも親しかった。大隈重信に爆裂弾を投げ付けた来島恒喜《くるしまつねき》は、中江の門下だったこともある。

八　伊藤博文暗殺

韓国統監伊藤博文

　日露戦争に勝利した日本は韓国を保護国化し、伊藤博文が初代韓国統監として赴任した。伊藤は韓国の宮廷や政府を支配し、外交や内政の全権を掌握して韓国軍隊を解散させ、抗日運動を鎮圧する。こうして、韓国併合への道筋がつけられてゆく。

　明治四十二年（一九〇九）六月、約三年間務めた韓国統監を辞した伊藤は、枢密院の閑職に退いて満州へ赴く。極東巡察中のロシア蔵相エコツエフロシアと、満州の植民地経営につき協議するためである。

　長春よりの露国特別列車で十月二十六日午前九時、ハルビン駅（ロシア管轄。現在の中華人民共和国・黒竜江省哈爾濱市）に到着した伊藤は、迎えに来たエコツエフと車中で二、三十分挨拶など交わした後、プラットホームに降り立った。

　それからロシア守備隊を閲兵し、各国領事団が整列する位置に進んで握手を交わす。つづ

ハルピン駅を歩く伊藤博文（２と記されている人物）。

いて日本人歓迎者の方に向かって数歩進んだ時、突然ひとりの男が躍り出て、四、五メートルの至近距離から伊藤にピストルを向けて数発放った。

右胸部と腹部の三カ所を撃たれた伊藤はただちに車中に運び入れられ、医師から応急手当を受けた。狙撃者が韓国人だと知ると「馬鹿な奴じゃ」とつぶやき、ブランデーを二杯飲んだが、約三十分後に落命した。享年六十九（『伊藤博文伝・下』昭和十五年）。

安重根は死刑

狙撃したのは韓国人の独立運動家安重根である。

安はロシア語で「コレア・ウラー（韓国万歳）」と三唱し、その場でロシア官憲に捕らえられた。

のち日本側に引き渡された安は、外務省管轄下の関東都督府地方法院で裁かれた。

翌明治四十三年二月十四日、死刑判決を言い渡され、三月二十六日午前十時過ぎ、旅順監獄で絞首刑に処された。享年は満三十。

安が旅順監獄で書いた「伊藤博文罪悪」は伊藤が孝明天皇を殺したとか、閔妃暗殺を指示したとか事実誤認の点も少なくない。そして権力を握った伊藤が明治天皇を欺き、皇帝を斥け、韓国を好き勝手に支配していると繰り返し訴え、最後は、

「これにより東洋の平和は永久に破れ、幾億人が将に滅亡を免かれ得ないこと」（許世楷「伊藤博文暗殺事件」『日本政治裁判史録　明治・後』）

としめくくる。

背後関係についてはさまざまな説が出たが、いずれも推測の域を出ない。

前年、安は同志十四人と左手の薬指を第一関節より切断し、伊藤ならびに条約に調印した韓国政府大臣を暗殺すると誓い合っていた。

伊藤博文の国葬

伊藤の遺骸は大連より軍艦秋津洲で横須賀に届けられ、十一月四日、東京の日比谷公園に

おいて盛大な国葬が行われた。柩はその日のうちに伊藤が別邸を構えていた大井村（現在の品川区西大井）に用意された墓所に埋葬されている。

当時の新聞などによると、日本国民もおおむねその死を惜しんだようだ。

年末には興行師により、伊藤の暗殺現場を撮影したフィルムが両国の国技館で上映され、三浦梧楼が「侮辱」とクレームをつけるというトラブルが起きた。だが、それは「真黒のもので、何が何やら殆ど分らぬやうなもの」（『観樹将軍縦横談』）だったというから、果たして本物だったかは分からない。

暗殺時、伊藤が身につけていたシャツと袴下《こした》は庶子伊藤文吉のもとに伝わったが、昭和二十七年（一九五二）に山口県に寄贈され、県立山口博物館に現存する。褐色に変ってはいるが、おびただしい血痕を確認することが出来、惨劇を今に伝える。

伊藤の死と日韓併合

伊藤博文暗殺事件当時、韓国では安重根に対する称賛の声も少なからずあった。だが、カトリック教会の関係者などは、否定的にとらえたという。そして日本の対韓政策の強化に対する危機感・不安感も交じり合って、複雑な評価となってゆく（伊藤之雄『伊藤博文をめぐる日韓関係』平成二十三年）。

ただ、日本側でも思想信条は別として、安の捨て身の愛国心に共感する者がいた。「大アジア主義」を唱える玄洋社の頭山満なども、安を愛国者として評価していたという（津留今朝寿『天主教徒安重根』平成八年）。

事件翌年の明治四十三年（一九一〇）八月二十二日、韓国併合に関する条約が調印された。つづいて二十九日、韓国は「朝鮮」と改称され、朝鮮総督府が設けられる。以後、三十五年にわたる植民地支配が続く。

もっとも、伊藤博文は併合せずに韓国人民の自発的な協力を得て、韓国の近代化の達成を目指していたとされる。それにより日本が利益を得、日本に準じて韓国の利益も図ろうと考えていたのだ（伊藤之雄『伊藤博文』平成二十一年）。

しかしだからと言って伊藤の死が、韓国併合の契機になったわけではない。韓国併合は明治四十二年七月、すでに閣議決定され、進んでいた。

伊藤自身もその年四月に総理大臣桂太郎と

伊藤博文を襲った韓国人安重根。

外務大臣小村寿太郎に対し、併合を承認する旨を伝えている。ただし、伊藤は併合しても植民地（地方）議会を設けるなど、韓国にある程度の自治権を与える構想を持っていたから、生きていれば実際行われた急激な併合にはならなかった可能性はある。

博文寺の建立

時は流れて昭和七年（一九三二）十月二十六日、朝鮮総督児玉秀雄の発起により、朝鮮京城府（現在のソウル特別市中区）奨忠壇公園の東に春畝山博文寺《しゅんぽざんはくぶんじ》（曹洞宗）が建立された。境内の広さは、四万二千坪という大寺院。山号の「春畝」は、伊藤の号である。二階建て鉄筋コンクリート造りの本堂は伊東忠太の設計で、本尊釈迦如来座像は高村光雲作だった。当時の案内書には、

「公（伊藤）ノ冥福ヲ追修シ、併セテ朝鮮ニ於ケル仏教ノ振興ヲ期シ、精神的結合ヲ朝鮮統治ニ貢献セン為」

と、その目的が記されている。

中国杭州の大学を卒業した安重根の次男安俊生が昭和十四年十月、博文寺に参詣した後、伊藤の庶子で貴族院議員だった伊藤文吉と対面を果たした。謝罪する俊生に対し、文吉は「謝罪は不要」と応じたという。

伊藤博文慰霊のため建てられた博文寺。

ところがこれが朝鮮の独立運動家を怒らせ、俊生は一時「韓奸」として暗殺のターゲットにされたという（早坂隆『愛国者がテロリストになった日』平成二十七年）。

つづいて昭和十六年には、安の長女安賢生が、夫とともに参詣している。

太平洋戦争の終結により、日本による朝鮮半島の植民地支配は終わった。

博文寺は無くなり（興化門・庫裡の建物は現存）、安は「義士」とされ、反日感情のシンボルに祭り上げられてゆく。ソウル特別市の南山中腹には一九七〇年、安重根義士記念館が設けられ、遺墨などが並べられた。韓国・北朝鮮ともに、安を英雄とした劇映画を製作している。

さらに韓国は二〇〇三年から安は韓国独立のみならず、「東洋平和」のために伊藤を暗殺したとの評価を学校教育の中に取り入れた。二〇一四年には韓国側の提唱により、ハルピン駅に安の記念室が設けられている。

こうした韓国側の安重根顕彰に対し、日本側には強く反発する向きもある。安は日本の要人を殺したテロリストであり、非難されるべきだというのだ。

伊藤は戦後日本では近代天皇制を築いた政治家として、厳しく批判された時期もあったが、昭和四十年（一九六五）から約二十年間、千円札の顔となり一般に親しまれた。

近年では史料にもとづく研究、再評価も進んでいる。例えば滝井一博『伊藤博文』（平成二十二年）では伊藤を「知の政治家」とし、「彼は日本で行ったのとまったく同様に、韓国人民を文明の民へと導こうとしたのである」などと評している。

日韓両国の伊藤・安に対する評価が大きく乖離するのは当然で、その溝は怨嗟の感情や政治の力によって埋められるものではない。

第三章　大正時代の暗殺

天皇を戴き、「富国強兵」を掲げながら猛進した明治日本は植民地や属国を持つ、アジアに於ける初の帝国主義国となった。

そして大正時代に入ると、民衆の凄まじいエネルギーが勃興する。政党は勢力を増して、薩長出身者による藩閥政治は失速した。

二個師団増設を強引に進めようとした第三次桂太郎（長州）内閣は護憲運動（憲政擁護運動）によって、大正二年（一九一三）二月、退陣に追い込まれる。

つづく第一次山本権兵衛（薩摩）内閣も海軍高官が軍艦購入などに際し、ドイツのジーメンス社などから多額の賄賂を受けていたことが発覚し、野党の攻撃、民衆運動の激化により倒れざるをえなかった。

護憲運動の際、不信任案を出したのは立憲政友会（政友会）と国民党だったが、その指導者である尾崎行雄は、議会において藩閥の政治家たちを次のように批判する。

「彼等は常に口を開けば、直ちに忠愛を唱へ、恰《あたか》も忠君愛国は自分の一手専売の如く唱へておりまするが、其為《そのな》するところを見れば、常に玉座《ぎょくざ》の蔭に隠れて、政敵を狙撃するが如き挙動を執って居る」

明治維新以来、薩長の武士階級出身の権力者たちは、自分たちこそが天皇の代弁者であるかのように振るまい、国民を統治、支配して来た。

だが、天皇は彼らの「私物」ではない。「忠国愛国」の対象は、政権や特定の政治家ではなかったはずだ。それを尾崎は指摘し、多くの賛同を得たのである。

大正三年七月に勃発した第一次世界大戦を、連合国側は「民主主義」と「専制主義」の戦いと意義づける。このため民主主義的風潮が、世界じゅうに広まった。日本においては、政治は民衆の利益と幸福のためにあるという、いわゆる大正デモクラシーの気運が高まってくる。

だが、大戦後の日本は深刻な不況に陥り、大正十二年九月には関東大震災が起こった。経済・社会はめまぐるしく変動して、貧富の格差は拡大し、閉塞感が強まってゆく。

一九一七年（大正六年）十一月にはロシア革命で帝政が倒れ、世界初の社会主義政権であるソビエト政権が樹立していた。

政府や軍部が極度に恐れたのは、社会主義の影響が日本に及ぶことだった。明治四十三年（一九一〇）に明治天皇暗殺を企んだとして、幸徳秋水《こうとくしゅうすい》や菅野《すがの》スガら十二名が死刑になる、いわゆる「大逆事件」によって、「冬の時代」に入っていた日本の社会主義運動が、再び盛り上がろうとしていた。さらに大正七年には富山県の魚津で起こった「米騒動」が全国主要都市に拡がり、ついに寺内正毅《まさたけ》内閣を倒してしまう。こうして日本の民衆運動は労働者層を中心に、飛躍的に発展してゆく。

一　安田善次郎暗殺

実業界の巨頭

大正十年（一九二一）九月二十八日午前九時三十分、安田財閥総帥の安田善次郎が、神奈川県大磯の別邸を訪ねて来た朝日平吾に刺殺された。

一代で巨万の富を築き上げた安田善次郎は越中富山の町はずれ、鍋屋横町に生まれた。二十歳の安政四年（一八五七）、郷里を出て、江戸で両替商に奉公する。文久三年（一八六三）には小舟町で独立して両替商を始め、翌元治元年（一八六四）には日本橋人形町で鰹節・卵の販売と小両替商を兼ねる、安田屋を開く。

維新になると動乱に乗じて、商売の基礎を固めた。明治以後は政権と密接に結び付き、いくつもの銀行や保険会社の保善社（のち安田生命）を設立するなど、安田財閥の総帥となる。

巨万の富を築き上げた安田善次郎。

日本の経済界に大きな足跡を残す大実業家だけに、さまざまな醜聞もあった。小銀行の乗っ取りなどでは、多くの恨みを買ったのも確かだろう。第一次世界大戦の際は、株式市場の操作で莫大な利益を得たなどの、悪い噂も囁かれた。

一方、晩年には東京慈恵会・済生会・富山市立職工学校および商業学校・東京大学講堂（安田講堂）・日比谷公会堂など公共事業にも多額の寄付をし、東京都市計画案にも熱心に取り組もうとしていた（ただし安田講堂は安田没後に完成）。

このため、没後に安田保善会が出版したオフィシャルな伝記である矢野文雄『安田善次郎伝』（大正十四年）では、

「若《も》し翁（安田）に数年を仮して、胸中の大計画を実行せしめ、且其《かつその》の富を散ずるの心計を実現せしめなば、茲《ここ》に安田善次郎一代の事業の全幅を見るを得て、百年の下、翁の毀誉《きよ》（評価）は定まる所あるべきに、半途にして翁を奪ひ去られしは、翁其の人の為に痛惜すべきのみならず、社会奉仕の事業をも観るを得ざらしめたるは甚だ憾《うら》むべしとす」

とし、公共事業への取り組みが端に就いたところで殺されてしまったと、残念がる。

なぜ、安田を殺すのか

安田善次郎を暗殺したのは朝日平吾という、この日面会に訪れた三十一歳の男である。朝日は貧民救済を志し、東京・山谷《さんや》に下層労働者のための、宿泊所（労働ホテル）を建設しようと計画した。そして富裕層である財界人から、目標資金の二万円を提供してもらおうとする。

朝日は大正十年（一九二一）五月はじめ、王子飛鳥山の邸宅に住む財界の巨頭渋沢栄一を訪ね、面会することに成功した。

懸命になって懇願する朝日に対し、渋沢は五百円の資金援助を約束する。その上、数人の有力者も紹介してくれた。ここで朝日は、希望の光を見たようだ。

しかもプライベートでは、朝日と同棲する大場静枝という女性が現れる。六月になると二人は本郷区駒込追分町の下宿に移り、ここを労働ホテル設置運動の事務局とした。

朝日は生まれて三十二年にして家庭的空気を得たと、その幸福を噛み締める。ところがわずか一週間ほどで、女性は朝日のもとから去ってしまう。

それでも朝日は何人かの富豪を訪れ、資金援助の依頼を続けるが、上手くゆかない。森村銀行の森村開作男は千円を提供してくれたものの、他は門前払いされたり、無礼な言葉を浴びせかけられたりした。目標の二万円には到底及ばず、朝日のプライドはずたずたに切り裂かれていったようである。

朝日は事件の二日前から、安田別邸に隣接する旅館長生館に泊まっていた。前日の午前中にも、「弁護士風間力衛」を名乗って安田に面会を求めたが、先客があるとの理由から断られている。

二十八日も、朝日は朝から出掛けて安田に面会を求めた。しかし安田は、明二十九日に東京の保善社で面会するからと書生に言わせて、断ろうとする。それでも朝日がぜひにと粘ったため、安田は給士に案内させ、朝日を応接間に通す。

そして朝日は十二畳の応接間の、庭に面した南側縁の廊下に置かれた藤椅子に座り、テーブルを間に置いて安田と対面した。話し合いは、四十分程だったという。

結局、安田は朝日の申し出を、拒否したらしい。すると朝日は、持参した刃渡り八寸の短刀でいきなり、安田の顔二カ所と右胸を刺す。

驚いた安田は、応接室から庭先に転げ落ちたが、朝日は馬乗りになって咽喉部に止めを刺した。それから応接室に戻り、家人が悲鳴を上げて警察に通報する間に、みずからは小刀で喉を切って自決する。

応接室の机上には、労働ホテル建設の計画書が置かれていた。翌二十九日の『時事新報』夕刊には「四辺は鮮血漂い、見るも凄惨の光景を呈せり」とある。

事前に朝日が友人の奥野貫に託していた斬奸状は、次のようなものだった。

「奸富安田善次郎、巨富ヲ作《な》スト雖《いえど》モ富豪ノ責任ヲ果サズ。国家社会ヲ無視シ、貪欲卑吝《ひりん》ニシテ、民衆ノ怨府《えんぷ》タルヤ久シ。予、其の頑迷ヲ愍《あわれ》ミ、仏心慈言ヲ以テ、訓フルト雖モ改悟セズ。由《よっ》テ天誅ヲ加へ、世ノ警メト為ス」

これを読むと、安田は巨万の富を築きながら、それを国家社会のためには役立てず、私利私欲を貪っているかのように、朝日の目には映っていたことが分かる。

朝日にとって安田は、「持てる者」の象徴だった。だから「持てない者」への協力を惜しめば、ただちに殺すつもりだったのだ。対象は、安田でなくても良かったのだろう。

斬奸状は新聞に掲載されたものの、掲載紙は官憲からただちに発禁、回収

朝日平吾（『朝日平吾の鬱屈《うっくつ》』）。

の処分を受けた。

ちなみに、先述の『安田善次郎伝』は六百ページもある大冊ながら、暗殺事件については一ページほどしか費やしていない。朝日についても、

「翁の人と為りを詳《つまびらか》にせず、億万の富を積むも、終身散ずることを為《な》さざるものと思ひ込み、此の挙に及びたる如し」

とある程度だ。朝日の、単なる誤解が生んだ悲劇という認識である。

それにしてもなぜ、安田は朝日の願いを拒んだのか。

安田も朝日も、その場で死んでいるため目撃者がおらず、両者の間にどのような会話があったのか、いまとなっては不明な点も少なくない。

朝日は、最初から殺す気満々だった。一方の安田も、強引に面会をさせられたから機嫌がよくなかったのかも知れない。

そしてこの事件は、天皇の周囲にいる権力や富を握る者を暗殺すれば、社会が好転すると考えられた「昭和維新運動」の序章ともなったのである。

朝日平吾のおいたち

朝日平吾は明治二十三年（一八九〇）、佐賀県・嬉野《うれしの》の商家に生まれた。

十二歳の頃、母を亡くし、家族で長崎県佐世保に移り住んだ。父は茶輔を営み、そこそこ成功したらしい。

だが、朝日は家庭では継母との関係が上手くゆかなかった。やがて佐世保の高等小学校を卒業して長崎に出て、ミッション系の鎮西学院に入るが、この頃は素行不良が目立っていたという。

第一次世界大戦で朝日は第十八師団の衛生兵として従軍し、中国大陸に赴く。

のち満州に渡り、大陸浪人になって満蒙独立運動に係わったり、朝鮮半島を転々としたり、九州で商売を始めたり、政治や宗教活動に身を投じたりした。

その人生は波乱に富んでいるように見えるが、いずれも失敗の連続だった。

このため朝日は社会の中で孤立感を強め、不幸の元凶として、富豪や官憲を憎むようになってゆく。

朝日はこの年春に神州義団（その実体はよくわからないようだが）を結成した、国粋主義者である。そして、北一輝の国家社会主義に、共鳴していた。

朝日は遺書と共に残した「死ノ叫声」（『現代史資料・四』昭和四十一年。他者の執筆説あり）の中で、自分がまず代表的な奸富を暗殺し、自決するのだと述べている。続いて、『随所ニ暗殺行ハレ、刺客出没シ、富豪モ貴族モ元老モ、之ガ番犬タル政治家モ、悉ク白刃ト爆弾トノ洗礼ヲ受ク可《べ》キモノト知レ」

と訴えている。

破壊行為である暗殺の連鎖が起これば、天皇の赤子である日本国民全てが平等に、幸福に暮らせる、理想的な社会が誕生するとの主張である。

朝日にとり天皇は、国家の権威ではなく、平等な社会を築くための改革のシンボルであった。

大正デモクラシーを背景に生まれたテロリストである朝日につき、当時のオピニオンリーダー吉野作造は、

「古武士的精神と新時代の理想との混血児」

と、評している（橋川文三『昭和維新試論』昭和五十八年）。

現代に生きる朝日平吾

先述の『安田善次郎伝』は顕彰が目的で著された伝記だから当然なのだが、世間の安田に対する誤解を解こうと懸命になっている。

たとえば、くしくも暗殺の舞台になった大磯の別邸についても、

「別荘の家屋は、左迄《さほど》広大ならず、通例富豪の別荘としては、余り数寄《すき》（風流・風雅）を尽せし美宅にあらず、無論普通中産階級の人の別荘よりは、稍々《しょうしょう》優れて見ゆる位である」

などと説明しており、妙に言い訳がましい部分も無きにしもあらずだ。

と言うのも、時代の空気に後押しされるかのごとく、朝日平吾に対する共感の声が全国的に起こったのである。それは朝日が影響を受けた北一輝《きたいっき》や玄洋社の頭山満《とうやまみつる》ら右側からも、労働組合などの左側からもだった。

朝日の遺骸は現場検証の後、大磯の無縁塚に一旦埋められた。それを友人の奥田が掘り起こし、荼毘に付した後、遺骨にして東京に持ち帰った。

遺骨は労働団体から懇願された、浄土宗の西信寺（現在の東京都文京区大塚）住職が引き取ることになる。

同寺で行われた朝日の葬儀には、安田の葬儀に負けてはならぬと、多数の参列者が詰めかけたという。事件当初は暗殺に批判的だったマスコミの多くも、朝日を英雄視するような記事を掲載し始める。

それから一世紀を経て書かれた中島岳志『朝日平吾の鬱屈』（平成二十一年）では「格差がゆるぎなく固定化されている現代日本社会」の中で、「国民全員が苦しみ続ける平等」を望む三十一歳、フリーターの主張と、朝日が生きた時代を重ねる。

なお、同書によれば、朝日の手帳や雑記帳、書籍類を含む遺品一括は、関係者の総意で墓所である西信寺に預けられた。これらの史料が公開されたら、朝日の思想が細部にわたり検証出来そうだが、昭和六十一年（一九八六）、ある人物に貸し出されたままになっているという。

現在も朝日の墓は西信寺にある。そして安田の巨大な墓は、徒歩で十分も離れていない文京区音羽の護国寺にある。

二　原敬暗殺

テロの連鎖

安田善次郎を殺した朝日平吾は、その遺書でテロの連鎖を繰り返し望む。

果たしてそのひと月後の大正十年（一九二一）十一月四日、朝日の影響を受けたとする若者が、首相の原敬を東京駅で刺殺するという事件が起こった。

米騒動で倒れた寺内正毅内閣にかわって成立したのが、原内閣である。立憲政友会総裁の原は大正七年（一九一八）九月、外務・軍務の三閣僚の他は、すべての閣僚を政友会から起用するという、日本初の本格的な政党内閣を組織した。

戊辰戦争で「朝敵」とされた盛岡藩重臣の家に安政三年（一八五六）に生まれた原は、新聞人、官僚を経て、政治家になった。薩長の閨閥とも直接の関係は無く、爵位も持たない政治家である。衆議院に議席を置いていたため「平民宰相」と呼ばれ、大正デモクラシーの空気の中、国民の絶大な期待を集めて、数々の改革を進める。

大正八年には選挙法を改正し、投票権を直接国税十万円以上から三万円以上に広げて大選挙区制から小選挙区制とした。その結果、衆議院で立憲政友会の勢力が拡大し、党内での派閥争いが繰り返されて、汚職事件も発生する。

このため多数党の専横、横暴との非難が起こり、「平民宰相」のイメージは傷つく。民衆も政党政治への不信から、官僚政治に対する再評価が高まったりする。

このため原は、右翼からもアナーキストからも暗殺のターゲットにされていた。四国・九州では原暗殺を報じた号外新聞の売子が「バンザイ、バンザイ」と叫んだというし、ある号外は「原首相誅せらる」と書いた（色川大吉ほか編『写真図説近代日本史・六』昭和四十一年）。

東京駅での惨劇

その日、原敬は政友会近畿大会に列席するため午後七時三十分の東京駅発、急行列車に乗るはずだった。発車の数分前、休息していた駅長室を出た原は、中橋徳五郎文部大臣と談笑しつつ改札口に向かっていた。

そこへ、着物姿の奉公人風の男が疾走して来て、短刀で原の右胸部を刺す。原はひと言も発せず、その場に倒れた。翌日の『東京日日新聞』は、次のように伝えている。

「この刹那《せつな》、首相は平素の我慢強き気性を発揮し、じっと苦痛に耐えんとするもののごとくであったが、不幸兇刀は深く急所を抉《えぐ》ったと見え、見る見る顔面蒼白となり、半眼かすかに、口元軽き痙攣を湛え、無言のまま倒れんにぞ…」

周囲にいた者たちは一瞬何が起こったのか理解が出来ず、呆然としたようだが、すぐに正気に戻って原を駅長室に運び込み、大テーブルの上に横臥《おうが》させた。

鉄道省の医師たちが駆けつけて応急処置を施そうとしたが、傷は肺より心臓を貫いており、内出血のため息を引き取った。ほぼ、即死であった。享年六十六。

無期懲役となった中岡艮一

襲ったのは中岡艮一《こんいち》という、十九歳の若者だった。その場で捕らえられ、警官によって日比谷警察署に連れて行かれる。

翌日の『東京日日新聞』では中岡の出自につき、「高知県士佐山内容堂の藩士中岡精の長男である。祖父中岡正（慎太郎）は維新の志士で、故板垣伯の先輩であった」云々とあるが、まったくの誤報だった。記者は刺客に、「志士」のイメージを重ねたかったのかも知れない。

栃木県に生まれた中岡は高等小学校を中退し、母と幼い兄弟の生活のために印刷工場の工員見習いとなった。

だが、長続きせず、大正八年（一九一九）十一月からは非正規雇用の大塚駅員（転轍手《てんてつしゅ》）として働いていていた。日給一円二十六銭の苛酷な労働が、政権に対する不満を募らせたようである。

中岡本人を知る人によれば、そのプロフィールは次のようなものだ。

「性質は極めて沈着で、平素あまり口を利かず、政治に趣味を持っていたが、黙々として新聞、雑誌を読むばかりで、それを口にするような事はなかった」（『東京日日新聞』十一月五日号）

原敬は、右翼からもアナーキストからも暗殺のターゲットに。

取り調べに対し中岡は、安田善次郎を殺した朝日平吾を賞賛し、涙ながらに次のように語ったという。

「原首相は国民の与論を入れず、頑として内閣に噛り付き居るのは、国を誤る甚だしいものである。

原敬暗殺犯の中岡艮一。

無名の青年の身を以て、一国の宰相を刺すは人道上許す可《か》らざる大罪だが、敢て此挙に出たのは国を思ふからだ。
併《しか》し人を殺し世上を騒がした罪の責任は痛切に感じて居るから、深く其場で自害する積もりで居たのに、遂にその機会無くて捕へられたのは、実に残念です」（雨宮昭一「原敬暗殺事件」『日本政治裁判史録　大正』昭和四十四年）

暗殺に短刀を用いたのも、朝日にならったようである。

暗殺の背景の存在を中岡は否定したが、上司である大塚駅助役の橋本栄五郎が、教唆《きょうさ》者として逮捕された。

中岡があつく信頼していた橋本は朝日が安田を殺したことを、称賛していた。原政権の失政に対する不満も、口にしていた。しかし、中岡が起こした事件との関係は証拠不十分として、無罪判決を受ける。

検察は中岡に死刑を求刑した。しかし、未成年だったことが考慮されたとみえ、裁判のすえ無期懲役となった。しかも三度の減刑があり、十三年後の昭和九年（一九三四）に釈放される。

その後、満州に渡り陸軍司令部で働いたりしたが、戦後帰国して昭和五十五年十月十八日に没した。享年七十七。

原が刺された場所は現在の東京駅丸の内口南口改札券売機のそばで、床にはその地点を示す目印がある。

三　甘粕事件

相次ぐ白色テロ

権力・為政者側が、邪魔者を抹殺するのを「白色テロ」と呼ぶ。これは、フランス王国の王権の象徴が「白百合」だったことに由来する。逆方向のテロを「赤色テロ」と呼んだが、これは共産党の旗色にちなむ。

大正十二年（一九二三）九月一日午前十一時五十八分、南関東地方は伊豆大島、相模湾を震源地とする、直下型の大震災に襲われた。マグニチュードは従来七・九とされて来たが、近年の研究によると八・一プラスマイナス〇・二だったという。行方不明者を含めると死者十四万人を出した、「関東大震災」である。

ラジオ放送などは、日本にまだ存在していなかった（大正十四年七月十二日に放送開始）。新聞はといえば、翌二日にようやく号外が出た『東京日日新聞』以外は、発行不能の状態だ。次に同新聞が発行されるのが五日の夕刊で、他紙は六日以降である。

最も必要な時期に、確かな情報が得られない状況が続いて、人々の不安はピークに達してゆく。

そんな中、二日の午後二時、臨時首相だった内田康哉《こうさい》らの決断により、東京市と周囲の府下五郡に戒厳令が施行された。翌三日には東京府・神奈川県全域に拡大されて、関東戒厳司令部が特設される。内務省は本来の役目を、軍に丸投げしてしまったのだ。

そして大混乱に乗じるかのように、社会主義者や無政府主義者に対する「白色テロ」が次々と実行された。

まず、「朝鮮人暴動」の流言が広がる。井戸水に、朝鮮人が毒を投入しているといったデマも流れた。

市民全員が、このような噂を丸々信じたとは到底思えない。しかし、信じたふりをして同じ行動に出るのが、村社会的な群集心理の恐ろしいところだ。

このため武装した自警団などが、東京・埼玉・神奈川など各地で多数の朝鮮人を虐殺した。

その数は、数千人に及ぶという。三日には、「不逞鮮人《ふていせんじん》」としてマークされていた朴烈《ぼくれつ》とその内縁の妻である金子文子が、保護検束を受ける。だが、予審中に朴が大正天皇・皇太子の暗殺をほのめかし、文子も天皇制廃止を訴えたため、大逆罪で起訴された。天皇の「慈悲」により死罪から無期懲役に減刑されるが、文子は宇都宮刑務所栃木支所内で自殺したという（異説あり）。

こうした朝鮮人の動きの背後には社会主義者がいるからと、三日から四日にかけて亀戸署内で川合義虎・平澤計七ら十人の社会主義者や労働運動家が軍に殺される、「亀戸事件」が起こった。警察が亀戸事件を認めて発表したのは十月十日になってからで、しかも戒厳令下に行われた軍の適切な行為との主張を通そうとした。

あるいは三百人を越える中国人の労働者も、南葛飾郡大島町（現在の江東区大島町）などで軍によって虐殺された。その情報を得た王希天《おうきてん》は、様子を見に大島町へ向かうが、亀戸署に拘留される。王は中国人留学生で、社会事業家（中華ＹＭＣＡ）でもあった。日頃、王を「危険人物」としてマークしていた野戦重砲兵第三旅団は亀戸署から王を引き取り、九月十二日未明、旧中川の逆井橋付近で斬殺する。他にも各所で中国人虐殺が行われている。

ロシアでは革命が起こり、世界初の社会主義政権が誕生していた。その影響が日本に及ぶのを、政府や軍は極度に恐れていたのである。大震災後の大混乱と戒厳令は、「危険分子」

を抹殺するには好都合だったのだ。

なぜ、このような異常としか言いようがない事態が起こるのかを、田原洋『関東大震災と王希天事件』（昭和五十七年）では「流言蜚語と武装した権力が複合分裂を起こすとどうなるか」として、次のように分析し、説明している。

「流言蜚語におびえて半鐘を乱打する↓署長以下の警官が追っとり刀で飛んでくる↓署長は軍隊に出動を求める↓その軍隊（といっても少中尉指揮の小・分隊）にちょうど同じころ「戒厳令施行」の命令が下達される↓軍隊は『騒動』（まだ実態はない）と戒厳令を関連づけて勇み立つ↓魔女狩りの発想で朝鮮人・中国人・社会主義者（とみなされる者）を検束し始める↓それらの中には正当防衛や逃亡を試みるものも出る↓武器・権力の使用が始まる↓騒ぎの実態ができてくる↓権力行使がエスカレートする…」

これらの事件の多くは後日問題化したが、日本政府や軍はひたすら隠蔽を続けたりした。その禍根は永年にわたり続き、現在なお消えているわけではない。

虐殺され井戸に捨てられる

つづいて九月十六日夜、警察や憲兵隊から「危険人物」としてマークされていた無政府主義者（アナーキスト）の大杉栄《さかえ》とその妻伊藤野枝《のえ》、甥で七歳の橘宗一（大杉の妹の子供でアメリカ国籍）が、憲兵に虐殺された。これが、「甘粕事件《あまかす》」である。

大杉栄の生家は愛知県東海郡越治村で代々庄屋を務めており、父は陸軍の軍人だった。大杉も名古屋の陸軍幼年学校に入るが、生来の粗暴な性格から学友と格闘し、重傷を負わせて退校処分となった。

のち上京して外語学校仏文科に入った大杉は社会問題に興味を抱く。そして平民社に堺利彦・幸徳秋水らを訪ね、運動に加わった。以後、筆禍《ひっか》事件・電車賃値上げ反対・赤旗事件などで数回、投獄される。大正十一年にはフランス無政府党の招きで密出国したが、翌年五月、パリのメーデーで飛び入り演説したため、発覚。現地で三カ月間投獄のすえ、強制送還された。

そうした「武勇伝」や派手な女性関係も含めて大杉はアナーキズムのヒーローであり、著作などを通じて強い影響力を持っていた。

妻の伊藤野枝は福岡県志摩郡今宿村（現在の福岡市）の生まれで、上京して上野女学校に学んだ。短い生涯で三度結婚して、七人の子供を産んでいる。大正二年、青踏《せいとう》社の女性解放運動に参加して、若年ながら雑誌『青踏』の編集を任された。大正五年には大杉栄をめぐって神近市子と争い（日陰茶屋事件）、結婚する。世間の激しいバッシングを受けながらも、大杉とともにアナーキズム運動を推し進めていた。

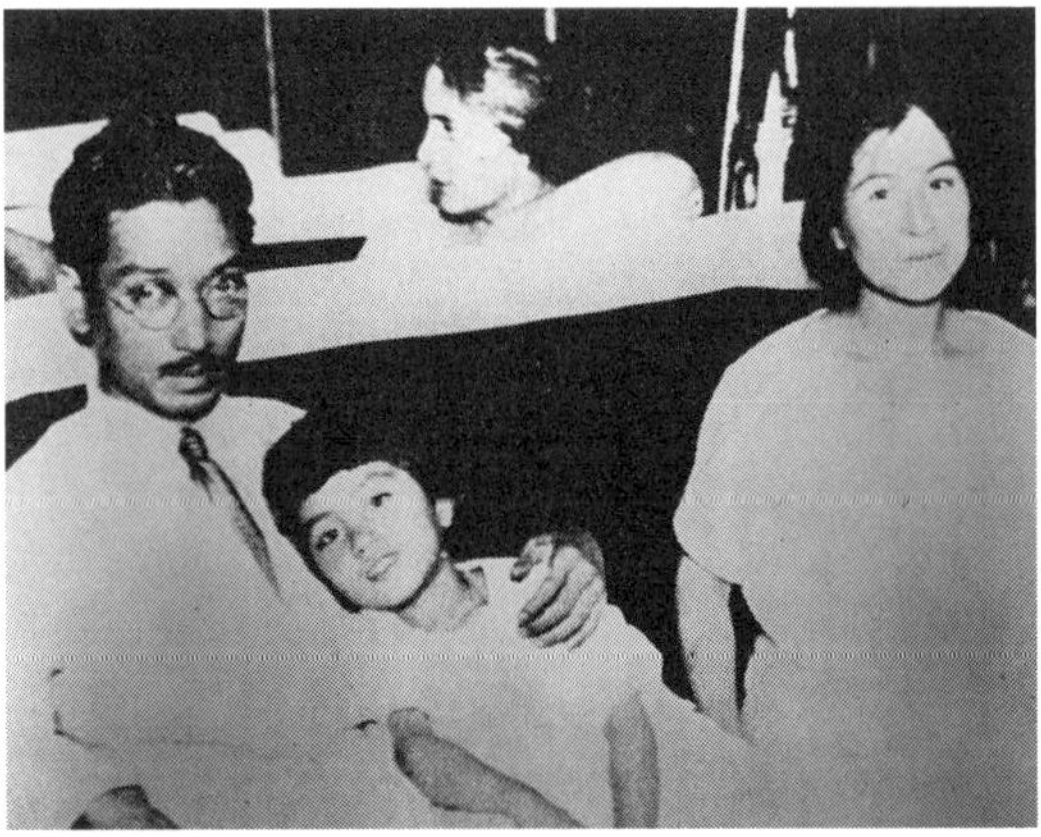

アナーキズムのヒーロー大杉栄と伊藤野枝。

その日午後五時ころ、大杉らは豊多摩郡淀橋町字柏木三七一番地（現在の新宿区北新宿一丁目一六番地）の自宅で憲兵大尉の甘粕正彦らに突然検束され、麹町区大手町にあった憲兵分隊に連行された。

熱烈なる天皇信奉者だった甘粕は宮城県の生まれで、先祖は上杉謙信の武将甘粕景時と伝えられる。

陸軍士官学校（二十四期）を卒業した甘粕は、陸軍戸山学校で学んでいた際、膝を負傷して憲兵へ方向転換したという。渋谷憲兵分隊長を務めていたが、震災当日から、麹町憲兵分隊長の兼務を正式に命じられていた。これは、憲兵の中の超エリートである。

そして大杉は憲兵司令部階上の応接室で、野枝は同じ建物内にある東京憲兵隊の隊長室で、甘粕自身により殺されたという。宗一は甘粕の命を受けた鴨志田安五郎・本多重雄両上等兵により、殺されたという。享年は大杉が三十九、野枝が二十九。

ただし、半世紀後に見つかった死因鑑定書によると、遺骸にはかなりの拷問が行われた痕跡があり、甘粕の証言どおりの殺害状況ではないことが分かって来た。

いずれも遺骸は菰《こも》に包まれて、古井戸に投げ込まれたが、九月十九日に引き上げられ、二十日に第一師団で解剖された。二十五日に関係者が遺骸を引き取った際は腐乱がひどく、しかも包帯でぐるぐる巻にされて、石こうで固められており、確認出来なかったという。

虐殺から三カ月後の十二月十六日、東京・谷中斎場において、無宗教で三名の告別式が営まれることになった。

その前夜、右翼団体に属する者が、労働運動社で行われた通夜の会場に現れ、大杉の遺骨を強奪するという事件が起こる。告別式が公認されたため、プライドを潰された憲兵サイドの指示が裏であったとも言われる。

このため告別式は遺骨無しで行われたが、厳重な警備のもと、約七百人が参列して盛大だった。

甘粕のその後

甘粕憲兵大尉らは青山にあった第一師団司令部において、公開の軍法会議にかけられる。

当初、特に右翼方面から甘粕に対する共感、同情の声も少なからずあり、減刑の嘆願運動なども起こっていた。

憲兵大尉甘粕正彦は大杉と伊藤を拷問を行って殺した。

ところが、裁判が進んで子供まで虐殺したことが明らかになってくると、世間の評価は一転して厳しくなる。そして十二月になって出た判決は甘粕が懲役十年、森が同三年だった。

森は大正十四年（一九二五）二月に仮釈放され、千葉刑務所で服役していた甘粕も、大正十五年十月には極秘裏に仮出所し、一時宮城県の温泉に潜伏した。それから結婚して、夫婦揃って陸軍をスポンサーとしてフランスに渡っている。

昭和五年（一九三〇）、帰国した甘粕は満州に渡り、満州国建国に関わって、さらに満州映画協会（満映）の理事長を務めた。

「満州の昼は関東軍が、夜は甘粕が支配している」とまで言われたというが、終戦とともに青酸カリを使って服毒自殺した。今もって、謎が多い人物である。

公判で甘粕は、

「平素より社会主義者の行動を国家に有害なり」

と考えていたとし、大杉らを殺したのはあくまで個人的所業だと、主張した。

このため、当時は背後関係など明らかにされず、甘粕ひとりに「主義者殺し」のレッテルが貼られた。だが、早くから噂として囁かれたように、量刑の軽さなどから見ても、実は背後には軍の意向があったようである。

また、白テロに対する大杉側の報復事件も起こった。

大杉の同志たちは、無政府主義者の古田大次郎らが作った秘密結社ギロチン社と結び付く。ギロチン社の中浜哲は十月四日、三重県松阪に住む甘粕の弟五郎を、田中勇之進に襲わせた。しかし田中が気後れして失敗。

五郎は難を逃れたが、強い神経症になってしまったという。

あるいは大杉の同志だった和田久太郎らと村木源四郎はギロチン社と共謀して、震災当時の戒厳令司令官福田雅太郎大将を暗殺のターゲットに定めた。そして大正十三年九月一日、東京・本郷菊坂の長泉寺で催された震災一周年記念の講演会に出席した福田を襲ったが、ピストルの弾丸が空発し、失敗している。

同月十日には略奪をくり返していたギロチン社の古田大次郎と大杉の同志和田久太郎が捕らえられた。古田は獄中で『死の懺悔』という手記を遺して刑死、和田は刑務所内で自決して果てた。

四　虎ノ門事件

摂政宮が襲われる

皇太子裕仁《ひろひと》親王（のち昭和天皇）は二十歳の大正十年（一九二一）三月三日、横浜から出発し、イギリス・フランス・ベルギー・オランダ・イタリアの五カ国を六十日かけて訪問して、九月三日、横浜に降り立った。

つづく十一月二十五日、大正天皇が病弱だったため、摂政宮《せっしょうのみや》に就任する。摂政宮にとり最初の試練は、大正十二年九月一日に起こった関東大震災であろう。摂政宮はただちに第二次山本権兵衛内閣を組閣させ、十二日には元首代理として「帝都復興に関する詔書」を出す。

この詔勅により、当時囁かれていた「遷都《せんと》」の噂は消え去った。大災害を乗り越え、あくまで東京に新しい「帝都」を築くとの決意を全国民が共有したのである。

その年の暮も押し迫った十二月二十七日午前十時三十五分、摂政宮は日比谷の国会議事堂（仮議事堂）における議会開院式に臨むため、自動車に乗って赤坂離宮を出た。

警察官が乗る先駆車一台、摂政宮が乗る車、その後ろには供奉車四台と警察官が乗る後駆車一台が続く。

一行が赤坂見附、溜池を経て虎ノ門に差しかかった時、ひとりの若い男が南側の沿道から飛び出して来て車中の摂政宮に向け、窓ガラス越しにステッキ銃の引き金を引いた。車は猛スピードで走り去ったが、車のガラスには亀裂が入り孔が空いた。

摂政宮は無事だったが、東宮侍従長入江為守《ためもり》が軽傷を負う。予定どおり開院式に臨んだ摂政宮は、赤坂離宮に帰った。

狙撃した男は群衆の凄まじい袋だたきに遭い、警察官に取り押さえられて車で警視庁に連行された。

日本の元首代理に対する未曾有の「不敬事件」であり、英国皇帝はじめ諸外国の皇帝や皇太子、大統領からも見舞いの電報が相次いだ。

宮内省は「天皇と国民とが接触する機会をなるべく多く」との方針から、この年、行幸の形式を馬車から自動車に変えたばかりだった。その際、警備担当の警視庁は、オートバイの警衛隊をつけるよう強く求める。だが、宮内省は天皇のあまり近くに巡査を付けるのが畏れ多いこと、国民との間に垣を作りたくないことなどを理由に、応じなかった。事件時の警務局長だった正力松太郎《しょうりき》は、

「もし警視庁の要求が通つていたら、ああいう失態も起こらなかつたに違いない」

と、悔しがった。正力は事件後、懲戒免職となったが、読売新聞社長に迎えられている(正力松太郎「虎ノ門の狙撃」『文芸春秋・特集天皇白書』昭和三十一年)。

なお九日後の大正十三年一月五日夕刻、朝鮮人民族革命党の金祉燮が皇居二重橋で手榴弾(不発)を投じる事件も起こった。そうした不穏な空気が漂う中、一月二十六日、摂政宮と良子《ながこ》女王の婚儀が行われた。

難波大助の少年時代

虎ノ門で摂政宮を襲撃したのは、難波大助《なんばだいすけ》である。

大助は山口県熊毛郡周防村立野二十一番地(現在の光市立野宮河内)の豪家だった難波家に、明治三十二年(一八九九)に生まれた。難波家は江戸時代、長州藩重臣の清水家に仕えた。清水家は戦国の昔、秀吉から水攻めにされて切腹した、備中高松城主清水宗治で知られる。

曾祖父の難波伝兵衛(覃庵《たんあん》)は幕末のころ尊攘運動で活躍した。たとえば幕末の元治元年(一八六四)、長州藩の暴発を抑えようと奔走する高杉晋作の日記『投獄文記』にも、「太夫(清水清太郎)の家宰難波伝兵衛も其の席え加わり涙涕、鎮静論を唱へしなり」などと見える。下関での攘夷戦争の際は田圃や什宝を売り、戦費として藩に献上した。また、鉄砲の材とするため自家の銅器を供出もした(『贈位諸賢伝・下』昭和二年)。明治二十一年、七十八歳で没して、大正元年（一九一二）二月、正五位を追贈されている。

　難波家の傍らに現在もそびえ立つ、高さ三メートル余りの伝兵衛の顕彰碑は篆額《てんがく》が伊藤博文、撰文が楫取素彦《かとりもとひこ》（吉田松陰の妹婿、初代群馬県令）である。これを見ても難波家が、長州閥において「勤王」の「正統派」と「公認」されていたことが分かる。

　国家に尽くして来た歴史は難波家にとり、最大の誇りであった。明治維新から半世紀、山口県は国家の担い手であると自他共に認めており、立身出世志向も強かった。

　伝兵衛直系の孫である大助の父作之進は県議会議員を経て、事件当時は衆議院議員を務めていた。大助は十人兄弟の四男で、長兄は東大、次兄は京大に進んだエリートだった（長女・二男・三女・四女は夭折）。

　そのような家庭環境は、大助にとって居心地の良いものではなかったようだ。

　事件後、弁護士の松谷与次郎に対し、大助は幼少期の家庭につき次のように語ったという。

「財産家の息子…それが如何に世人に誤つて写つてゐる事であらう。私は世の所謂るブルジョァの息子らしい生活を過去に於てしてゐなかつた事、及び私

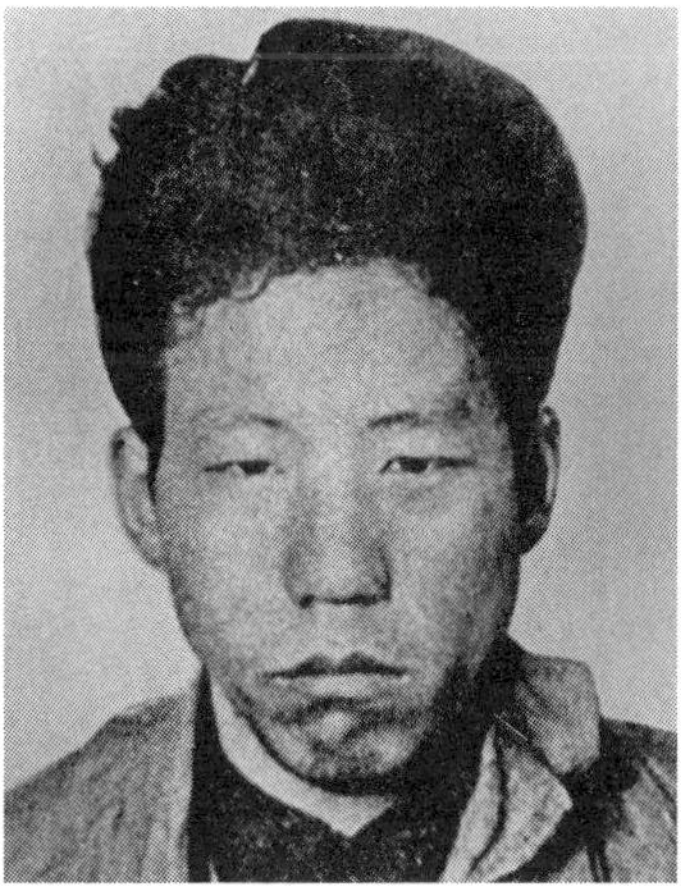
摂政宮を狙った難波大助。

自身は寧ろプロレタリヤに近き生活をして居り、そして気分は全くプロレタリヤになり切つて居つた事を明かにして置くのは、共産主義者たる私の当然為すべき事と思ひますので、私は親の非をあばく事も敢て辞せず、赤裸々なる過去生活の断片をお話し致します…」（松谷与次郎「難波大助事件」『増補版　難波大助大逆事件』昭和五十四年）

父の作之進は「外にあつては温厚な紳士」と見られていたと、大助は言う。だが、家庭内では「倹約第一主義」の厳しい人で、食事時、漬物に少しでも醤油をかけ過ぎると、大目玉を食らったりした。学用品を買いたいと大助が母ロクに言えば、気の弱い母はびくびくしながら父に取り次ぐのである。

母の死

父の作之進は大助を、中学校に進学させるつもりはなかった。高等小学校を出たら私塾でしばらく勉強させるか、小僧奉公させるか位に考えていた。

それでも東大に通っていた長兄の正太郎が手紙で説得してくれたおかげで、父は大助の進学を許可する。しかし二人の兄たちと同じ山口中学ではなく、徳山中学だった。これが大助にとっては意外であり、不満だった。

大正二年（一九一三）四月、大助は徳山中学に入学（十七期）したが、同六年二月十一日、突じょ母が心臓病で他界する。享年四十八。これにつき大助は、「始終そんな事で脅かされ続けたので、気の小さい彼女が、それから病を発したのだ」と、父の責任だったと語っている。

それが、三学期の試験間際だった。喪に服すために帰郷した大助は、試験を受けずに落第し、結局退学する。

そして父の命で山口の鴻城《こうじょう》中学に編入学した。しかし母が居なくなった家庭で、大助はますます父に対する反感を強め、孤立感を深めてゆく。

当主が強い権限を持ち、家族を支配する家制度は民法で定められていた。こうした環境のせいで、大助が家制度を憎むようになっていったのは、容易に察しがつく。

その後、鴻城中学も中退して上京した大助は、高校受験資格の検定を得るため、新聞配達をして働きながら予備校に通う。そして早稲田第一高等学校に入学するが、ここも一年で中退してしまった。

この頃大助は政治演説会に顔を出すようになり、ロシア革命に関心を寄せ、大逆事件の大量処刑に憤り、亀戸事件や甘粕事件に衝撃を受ける。深川の労働者の群れに身を投じ、苛酷な肉体労働に従事する。

こうした生活の中で大助は、支配階級が無産者を圧迫するために、皇室崇拝を利用していると考えるようになった。

大助が使った銃

難波大助は、同じく山口県出身で明治維新の功労者とされる木戸孝允《きどたかよし》（政府参議）・山尾《やまお》庸三《ようぞう》（子爵）・伊藤博文（公爵）、さらには共産党の宮本顕治、マルクス学者の河上肇《はじめ》とも系図上、繋がっているという。

そして大助が摂政宮襲撃に用いたのは、伊藤博文の洋行土産のステッキ銃だった。近代天皇制を築き上げた伊藤ゆかりの品が、摂政宮に向けられたのである。

この因縁めいたドラマをプロデュースしたのは、大助自身だった。大助の中に、出自に対する強い反発があったことがうかがえる。

逮捕された大助はまず、警視庁において南谷検事正から厳しい取り調べを受けた。つづいてその日のうちに東京地方裁判所に移されて、沼義雄判事の尋問を受けた。

大助の嫌疑は、明治四十一年（一九〇八）に施行された刑法第七十三条、「天皇、太皇太后、皇太后、皇后、皇太子又ハ皇太孫ニ対シ危害ヲ加へ又ハ加ヘントシタル者ハ死刑ニ処ス」

だから、裁判はいきなり大審院（最高裁判所）において行われる一審制だった。

大助が大正十三年（一九二四）二月十三日、父に宛てて書いた長文の遺書がある。倹約を強要したこと、進学のこと、母の死のことなど父に対するこれまでの恨みつらみを書き列ねた後、次のように述べる。

「人間は祖先のために生きるんではなく、自己および子孫のために生くればそれでよいのです。祖先崇拝から子孫崇拝へ――来るべき新時代の人間はかかる道程に進まねばなりません……。

神以上に尊いものがこの世にある。それが人間である。私ばかりが人間ではない。――一年汗水たらして苦労して得るところは何にもない。あなたに哀訴嘆願して無慈悲にはねつけられたあの小作人達も人間です。

総ては人間である――人間以上の尊いものは此の地上には一人もおらない。この観念がなき限り、不幸はあなたの一生につき纏うでしょう……」

公判は大正十三年十月一日と二日に行われた。最終陳述で大助は、

「我々社会主義ノ道徳カラ観レバ、私ハ対個人的ニハ不忠者デアルカモ知レヌガ、其主義ノ為ニ汎《ひろ》ク言ヘバ、社会ノ為死ヲ決シテ忠誠ヲ尽シテ居ルノデアル」

などと、プロレタリア革命論を述べている。また、皇室を敵としたのは軽率で穏当を欠く嫌いがあるとか、皇太子に対して迷惑をかけたとか、皇室は共産主義者の真正面の敵ではな

いなどとも述べた。

最後に裁判長や検事に向かって、「本当に天皇は神様の様に懼《おそ》れおおいのか」「一種の有機的機関として肯定しているのか」などと問いかけたとの説もあるが、公判記録には記載されていない。

検察は大助に対して死刑を求刑し、十三日に死刑判決が出た。約二十分、横田裁判長による判決の読み上げが終わるや、大助は大声を発して、

「日本無産者労働者、日本共産党万歳、ロシア社会主義ソビエート共和国万歳、共産党インターナショナル万歳」

と叫んだ。この絶叫は報道禁止とされたが、それでも世間に漏洩して、大助に対する反感や共感が起こった。特に政府の上層部を激怒させ、それが刑の執行を早めたとも考えられる。

大助の死刑は十一月十五日午前九時、市ケ谷刑務所で執行された。享年二十六。

大助の墓は築かれず

大助の遺骨は父が受け取りを拒否した。そのため、はじめ東京・小管《こすげ》刑務所の囚人墓地に埋められる。大助は、東京の土になることを望んでいた。

遺骨は以後何カ所か転々としたすえ昭和四十六年（一九七一）、雑司ケ谷墓地（東京都文

京区）の無縁仏の中に落ち着いたという（岩田礼『天皇暗殺　虎ノ門事件と難波大助』昭和五十五年）。

事件により第二次山本権兵衛内閣は総辞職し、警視総監湯浅倉平は免官となった。故郷の山口県は知事が二カ月二割の減俸など、全県挙げて懺悔することになる。

難波大助の生家。

難波家は、徳山区裁判所に廃家届を出す。そして大助の遺骸受け取りを拒否した父の作之進は、絶食のすえ大正十四年（一八八一）五月二十五日に死んだ。享年六十。家族たちは、叔父が新しく創った黒川家の親族となった。

長兄の正太郎（黒川）は事件により久原鉱業を辞め、のち弁護士などを開業したが、東満産業の専務取締役など重職を務め、昭和三十八年に没している。次兄の義人は長崎製鋼所、三菱造船株式会社などを経て、戦後は新三菱重工業社長となった。弟の健亮は昭和二年（一九二七）に京大経済学部を卒業後、戦後は白木産業、蛇の目ミシンなどで要職を歴任している。

上の妹の安喜子は昭和三年（一九二八）、山口県出身のサラリーマン吉賀忠夫と見合い結婚して、昭和五十七年十二月二十三日、七十六歳で没した。

下の妹の弥代子は事件当時、まだ小学生だったが、その後山口高女に進んだ。二十七歳の時、先妻との間の子供が五人いる岩国の内科医の後添えとなり、満州に渡った。戦後引き上げて来たものの昭和二十六年五月三十日、三十八歳で病没する。

義姉（正太郎の妻）ヤスは事件後、夫と共に周防村立野に移り、ほとんど外出することなく約四十年間を過ごし、夫没後の昭和三十九年九月、実家のある県内の防府《ほうふ》に移り住んだ。

突然「国賊」の家族にされた者たちの苦悩がいかに重く長ものだっかは、本人たちから直接話を聞いて著された岩田礼『煉獄　女たちの虎ノ門事件』（平成七年）や中原静子『難波大助・虎ノ門事件　愛を求めたテロリスト』（平成十四年）などからも、うかがえる。特に、もと新聞記者によって書かれた前著は小説風で、感情的なきらいもあるのだが、書き留めておいてくれたことの意義は小さくない。

七瀬川のほとりに建つその生家は現在（平成三十年十月）無住の廃屋同然で、無造作に生い茂ったヒノキが母屋を包み込み、小さな森のようにも見える。邸前には義姉（大助の長兄の妻）の尽力により、作之進ら一族の墓が集められているが、その中に大助の墓は見当たらない。

行政により設けられた古い史跡説明板も建っているが、それは明治十六年（一八八三）に伝兵衛が開いた私設図書館の向山《こうざん》文庫についてのもので、大助にはひと言も触れていない。

社会運動家堺利彦のテロ観

大助の墓が建てられなかったのは、同じような思想を持つ者たちが神格化せぬようにとの配慮からだろう。

もっとも、大助が尊敬していると公言していた社会運動家の堺利彦は事件につき、大助の国選弁護士だった今村力三郎に宛てた手紙（大正十三年〈一九二四〉十月三十日）の中で、次のように厳しく批判している。

「テロリストは従来多く愛国主義者と無政府主義者との間から出ていて、社会主義も共産主義も運動方法としてテロリズムに反対している…僕は共産主義者として、テロリズムの運動方法に反対している」

さらに堺は大助の行動が「運動上に直接大した影響は無い筈である」とも述べている（『増補版　難波大助大逆事件』）。

一方、今村力三郎は約三十年後、『文芸春秋』昭和二十五年（一九五〇）四月号に寄稿した「難波大助事件」の末尾を、次のようにしめくくり、弾圧が暗殺を呼び起こすとの持論を展開している（執筆当時、今村は専修大学総長）。

「大助をして斯くの如き大逆事件を起さしめたのは、勿論大助自身の罪の重大さは論外としても、無益なる弾圧を加へた官憲にも大きな責任があると信じてゐる。弱者は圧迫するに足りず、されど強者は弾圧す（さ）れゝばされる程、益々強く反撃してくることを忘れてはならない……。

右翼・左翼を問わず、要するに、暴力による弾圧は必ず暗殺主義者を作るのであることを、私は強調したい。

暴力主義、テロリズム、これらは我々の最大の敵である。第二、第三の難波大助が生まれてこないと、誰が予測し得ようか。その懸念なしとせぬ故、禿筆《とくひつ》をも顧みず、敢《あえ》て一文を草した次第である」

左側は続けざまに起こった「白色テロ」に対する強い嫌悪もあり、この事件あたりから暗殺を卑劣な手段と見るようになる。以後暗殺で問題解決を計ろうとするのは、もっぱら右側になった。

第四章　昭和の暗殺事件（戦前）

昭和に入ると国内では不況が続き、国民の暮らしは疲弊の一途を辿った。こうなると社会主義・共産主義だけではなくて、国家主義の立場からも、変革を望む声が強まって来る。その理論的支柱となったのは、北一輝《きたいっき》が『日本改造法案大綱』で説く「国家社会主義」だった。北は、「一君万民」「公議公論」の理想を掲げた明治維新を、評価する。だが、以後に築かれた天皇現神説の、国体論は否定する。なぜならそれは、政治家や財閥、特権階級が、天皇制を自分たちの利益に都合よく利用する理屈だからである。

だから「天皇」を国民が取り返し、天皇を政治的中心に据えた、一君万民、国民国家の理想に立ち戻ろうと訴えた。国体を本来の姿に戻すとの考えは、軍部や民間にも強い影響を及ぼし、「昭和維新運動」が盛んになってゆく。

たとえば、浜口雄幸首相を襲撃した佐郷屋留雄《さごうやとめお》（嘉昭）は獄中で日本史を読み、昭和八年（一九三三）七月十一日、北に宛てた書簡で、次のように述べている。

「現在の貴族、資本家、ブルジョア特権階級や其の幇間《ほうかん》（太鼓持ち）的御用学者は自己等と皇室を結び付け、恰《あたか》も皇室を支配階級かブルジョア特権階級かの如く牽強《けんきょう》（こじつけ）せんとする……。

又、制度にしましても、現在の幇間的識者、御用学者は其の飼主のために、資本主義を国体と結び付け、恰も資本主義が我が国古来からの制度たるかの如く牽強し、従って国体と不可離の関係に於かんとしつゝありますが、歴史は其の然らざる事を雄弁に証して来れます」

前後して政党政治は財界と接近し過ぎた挙げ句に腐敗して国民の信用を失い、軍部が政治に介入を強め、社会全体が右傾化してゆく。

一　山本宣治暗殺

山宣の愛称で親しまれる

かつては明治天皇暗殺まで企んだとされる左翼側は一転し、暗殺を卑劣な手段として非難するようになる。

それは旧労農党（当時は非公式）の社会運動家で、「山宣《やません》」の愛称で親しまれた山本宣治が「白色テロ」に斃《たお》れたことも関係しているようである。

山本宣治の経歴は、異色だった。

明治二十二年（一八八九）、京都に生まれた山本は、明治四十年にカナダに渡り、五年ほど労働に従事しながら英会話を身につけたりした。社会主義思想と出会ったのも、この頃である。帰国後は東大の動物学科を卒業して生物学者となり、京大の大学院に進んで、同志社の教壇にも立つ。

大正十一年（一九二二）、アメリカの社会運動家で産児制限を提唱していたサンザー夫人が来日した際、山本は通訳を務めた。山本は労働者や農民の貧困の一因に多産があると考えるようになり、産児制限運動を起こして積極的に講演して歩く。

「白色テロ」で逝った山本宣治。

また、大正十三年四月からは西梅田にあった大阪労働学校（労働運動のリーダー養成所）の教壇に立ち、生物学や群集心理学などを教えたり、同十五年三月には労働農民党の結成に係わったりしている。

昭和三年（一九二八）、政友会田中義一内閣のもとで初の普通選挙（第十六回衆議院議員総選挙）が行われ、山本は京都二区より立候補して当選する。この選挙は無産政党が意外にも奮闘して、四十九万票を獲得して八議席を獲得した。与党だった政友会は、危機感を募らせる。

そのため政府の無産・労働運動に対する弾圧に拍車がかかり、昭和三年三月十五日には左翼に対する一斉検挙「三・一五事件」が起こったりした（田宮裕「山本宣治暗殺事件」『日本政治裁判史録　昭和・前』昭和四十五年）。

政府は、普通選挙と抱き合わせとされる治安維持法の改変に取りかかる。

「国体ヲ変革シ、又ハ私有財産制度ヲ否認スルコトヲ目的トシテ結社ヲ組織シ、又ハ情ヲ知リテ之ニ加入シタル者」に対して「十年以下ノ懲役、又ハ禁固ニ処ス」だったのを、

「死刑、又ハ無期若ハ五年以上ノ懲役若ハ禁固」

に変えるのだ。

この案に議会で唯一人反対したのが、山本だった。ところが反対演説も許されず、質疑さえも打ち切られてしまう。

こうして緊急勅令として出た法案は昭和四年三月五日、衆議院本会議を通過した。

それから山本は東京市議選挙に立候補した無産党候補の応援演説を済ませ、定宿としていた神保町の光栄館に帰る。

山宣、刺される

その夜、午後九時半過ぎ、芝浦の労働者と称する男が、光栄館に山本宣治を訪ねて来て面会を求める。

山本は応じて部屋に入れたが、間もなく男に短刀で頸動脈と心臓の二か所を刺された。血の海の中で、なおも山本は男の袖を掴んだが、間もなく絶命した。

実は男は、北九州の門司に本拠を置く右翼団体の七生義団に属する黒田保久二で、当時三十七歳。徳島県生まれで、国家主義の信奉者で、もと警視庁巡査でもあった。

黒田が持参し、山本に突き付けたのは、次のような斬奸状だった。

「一　直ちに議員を辞職すること
二　選挙民を欺き赤化せしめた罪
三　治安維持法に反対し、赤化運動を容易ならしめた罪
四　開院式当日不敬事件
五　以上の理由により代議士を辞退し、赤化運動を断然やめること」

四項は山本が議会開院式のさい、礼服を着用しなかったことが、天皇に対する不敬とされたことである。

黒田の末路とその黒幕

山宣を刺殺した黒田保久二は、ただちに近くの錦町署に自首した。

裁判の第一審は第一回公判が昭和四年（一九二九）六月二十八日、第二回公判が七月三日に開かれ、七月十二日には判決言い渡しと、急ピッチで進められた。約二百の傍聴席はほとんどが、七生義団員で占められていたという。

黒田側の弁護人は、最初に襲って来たのは山宣の方であり、正当防衛だから無罪だと主張した。殺人容疑で起訴されながら釈放されるという、いささか信じられない事態も起こった。だが、判決は懲役十二年だった。

これにより黒田は小菅刑務所に収容される。その後、恩赦により六年に短縮されて、昭和十年に仮出獄した。それから黒田は門司港に行き、さらに満州に渡ったようだが、確たるところは分からない。

昭和二十八年ころは北九州の小倉で、全日本自由労働組合の事務所に出入りしていたのを目撃されている。組合書記を務めていた瀬川負太郎によれば、その頃の黒田の印象は、「別に変哲のない中老の男で、陽やけした顔にいつも柔和な表情をうかべていた」という。組合費も払い、動員にも参加し、口数は至って少なかった。ただ一度、「わしは人に言えないことをしているから」

と、ポツリともらしたという。

ある時、瀬川が組合の委員長に黒田の消息を尋ねたところ、脳梅毒で市外の精神病院に入院したとのこと。瀬川の依頼により委員長が黒田から聞き出した山宣暗殺の話は、次のような衝撃的なものだった。

「山宣を刺したのは、ある『えらい人』から頼まれたもので、成功したら百五十円報酬のほかに『いい身分』を約束されたという。しかし、逮捕されたのち『えらい人』は、一回面会にきただけだった。そうして服役を終わり、『えらい人』を訪ねたが相手にされず、いわば新天地を求めて満州に渡った。けれどもうだつはあがらず、敗戦になって引き揚げた。そのときも『えらい人』を訪ねたが、門前払い同様にあしらわれた」

他にも黒田は「えらい人」は戦後、代議士になったと述懐したともいう。黒田は間もなく亡くなったようだから、享年は六十代と思われる。

裁判では、黒田の背後関係が問題となったが、結局は判然としないままだった。

だが、近年、瀬川の一文などを糸口とし、その黒幕を明らかにした、本庄豊『テロルの時代』（平成二十一年）というノンフィクションの労作が発表された。究明の過程は同書に詳しいが、結論から言えば黒幕は事件当時、台湾総督府警察局長を務めていた「大久保留次郎」だという。

山宣を消すことは内務省の上層部の意図であり、大久保から木村清を経て黒田に指示が出たと見られる。

明治二十年（一八八七）、茨城県の貧農に生まれた大久保は高等師範学校卒ながら、高等文官試験に合格し、大正三年四月、警視庁書記官となり、警察官僚としてエリートコースを歩んでいた。

事件後も千葉県知事や東京市長を務め、戦後はA級戦犯訴追を免れて、衆議院議員に二度当選し、国務大臣（国家公安委員長）まで務めている。昭和四十一年、七十九歳で没。

なお、殺された山宣は、後に日本共産党から党籍が贈られた。

二　浜口雄幸襲撃

男子の本懐

その風貌から「ライオン宰相」と呼ばれた浜口雄幸《おさち》は明治三年（一八七〇）、高知県の豪家水口家に生まれ、同県の郷士浜口家の養子となった。

東大法科卒業後、大蔵省に入り、後藤新平に認められて、大正元年（一八七三）に政界入りした。のち立憲民政党の党首となり、田中義一の後を受けて昭和四年（一九二九）七月二日、内閣を組織する。

昭和五年十一月十四日午前八時五十八分、首相浜口は東京駅第四プラットホームを歩いていた。

岡山で行われる陸軍大演習を参観するため、午前九時発の神戸行き特急つばめに乗ろうとしていたのだ。

そこへ群衆の中にいた羽織姿の男が、至近距離から拳銃で浜口の腹部を撃つ。この時浜口は、

「男子の本懐」

とつぶやいたというが、側近による創作との説もある。

浜口はただちに東大病院に運ばれ、手術を受けた。翌六年四月十三日、首相の座を去り、八月二十六日に東京・小石川区の自宅で他界した。享年六十二。

浜口内閣の誕生直後、地方鉄道の買収をめぐる大規模な汚職事件が発覚し、田中内閣の鉄道大臣だった小川平吉が逮捕されるなどの大きな問題が起こっていた。

他にも政党と財界の疑獄事件の数々が発覚し、政党政治は国民の信用を失って失速してゆく。

佐郷屋留雄の殺意

浜口首相を撃ったのは、佐郷屋留雄という二十三歳の愛国社員だった。二発目を発射する前に警察に捕えられ、日比谷警察署に連行された。

本人によれば犯行の誘因は、浜口内閣が行った金輸出解禁（金解禁）とロンドン海軍軍縮会議での調印問題だった。

浜口は昭和五年（一九三〇）一月十一日、金本位制に復帰して、貿易を安定させようとする。その直後に緊縮財政を主張して解散総選挙を実施し、国民の信任を得て過半数を獲得した。

ところが、アメリカから大恐慌の波が押し寄せる。このため対米輸出が激減するなど惨憺たる結果となり、不景気を加速させてしまった。倒産者は激増し、失業者は百五十万人を越える。物価は低落して、特に農村の疲弊は目に余るものがあった。

さらに軍縮には、海軍が強く反発する。第一次世界大戦後、強大化した日本を抑制する米英の思惑だというのだ。しかし浜口は元首相の若月礼次郎を全権としてロンドンに派遣し、補助艦（駆逐艦や潜水艦など）対米七割未満の条件で、調印してしまった。そのため憲法第十一条の、

「天皇は陸海軍編成及び常備兵額を定む」

東京駅で狙撃された浜口首相。

に違反する、天皇の統帥権干犯《とうすいけんかんぱん》だとの非難の声が海軍や、政権打倒を目指す政友会の鳩山一郎や犬養毅から起こる。ロンドン会議に専門委員として出席した軍令部参議草苅英治少佐は、国民にお詫びすると遺言して自殺してしまった。

佐郷屋は、浜口が極端なデフレ政策一点張りで国民を窮乏させ、一方でアメリカに買収されたあげく、軍縮に応じたと見ていた。ここで、大衆の不満と怒りに国際共産党が点火したら、日本における赤色革命が起こるのではないかと危惧する。

のち、佐郷屋は暗殺という道を選択した時の悲壮な決意を、次のように述べている。

「一身以て体当りをし、暗殺によって政権を替える以外に方法がない。何とかしてこの行き詰りに突破口をつくれば、誰かまた後をつぐものがあるだろう。徒《いたず》らに後のことを考え、将来のことを考えていたのでは、その間に時がたち事態は一層悪くなる。兎に角一日も早くやらなければと固い決心をした」（佐郷屋「私は死刑囚だった」）

慎重に検討して、手段はピストルとした。愛国社には川島芳子旧蔵のモーゼル三号、精巧な八連発のピストルがあったので、これを使うことに決め、練習を積む。

次に襲撃場所として、浜口が週末に静養に訪れる鎌倉の別荘を考えた。だが、二度にわたる実地踏査のすえ、難しいと判断。そこで東京駅を選び、何度か浜口の出発を見送り、警備の盲点も見つける。こうして浜口襲撃を実行に移したのだった。

襲撃後、召喚取り調べを受けた者は五十人を越えたが、背後関係は判然としなかった。使用されたピストルをめぐり愛国社主岩田愛之助の行為が問題視され、社員松本良勝が共犯関係を問われたくらいである。

愛国社員はその後、浜口の後任である民政党総裁の若槻礼次郎や司法大臣小山松吉の暗殺を企んだが、いずれも未遂に終わった。

事件現場は現在のＪＲ東京駅構内の新幹線中央口の階段前あたりとされるが、当時の面影はほとんど無い。ただ、その地点だけ床のタイルの色が一枚だけ異なる赤茶色で、近くの柱には事件を説明するプレートがはめこまれている。

新しき村から愛国社へ

浜口首相を撃った佐郷屋留雄は明治四十一年（一九〇八）、中国吉林省に生まれた（異説あり）。もっとも、本籍地は長崎県である。十五歳で憧れを抱いて満州に渡り、馬賊になって大陸を放浪したり、船員となって世界を遍歴したという。

さらに佐郷屋は、宮城県児湯郡木城町の村落共同体「新しき村」に入り、人間修養を積もうとした。

「新しき村」はトルストイに傾倒した白樺《しらかば》派の作家武者小路実篤《むしゃのこうじさねあつ》が、階級闘争の無い、原始共産制の理想郷を夢見て、同志と共に大正七年（一九一八）に開いた。

ちなみに戦後、大日本愛国党を結成した右翼の赤尾敏《あかおびん》も若い頃、社会主義に傾き、「新しき村」の理想を故郷の三宅島で実現しようと考えたと、回顧している。

あるいは「新しき村」に共鳴した中には、中国共産党主席の毛沢東《もうたくとう》もいた。そして毛沢東はマルクス・レーニンに傾倒してゆく。

武者小路は「自分も生き／他人も生き／全部の人が生きる／それが新しき村である」（「一人の男」）と説く。それが、「一殺多生」のテロへと向かうことになる佐郷屋の琴線に触れた。

だが、佐郷屋は限界を感じ、やがて「新しき村」を去る。

それから東京に出た佐郷屋は、黒龍会の渡辺義久などの右翼関係者のもとに身を寄せた。麹町区永田町の葵ホテルに事務所を構える愛国社を訪ね、会長岩田愛之助に気に入られて加盟したのは、昭和五年（一九三〇）七月のことである。

そして間もなく、浜口襲撃事件を起こすに至った。

殺人未遂罪で起訴された佐郷屋に対し、第一審と第二審は死刑の判決が出た。そして大審院（現在の最高裁判所）も昭和八年十一月、控訴審を却下して、死刑を確定した。

しかしその年十二月二十三日に皇太子が誕生するや翌九年二月十一日、恩赦で無期懲役に減刑される。佐郷屋によると、全国から減刑の嘆願書が七万枚も出されていたという（実際は十二万二百余通という）。それを後年まで佐郷屋は、大切に所持していたようである。

小菅刑務所を仮出所したのは、昭和十五年十一月三日だった。出所後は愛国社会長の岩田愛之助の娘と結婚し、その後継者となる。戦後は一時、公職追放を受けたりした。

しかし「佐郷屋嘉昭」と改名し、昭和二十九年（一九五四）には血盟団事件の井上日召《にっしょう》をリーダーとする憂国団を結成して、のち団長となる。昭和維新運動の関係者たちは戦後、戦勝国アメリカによってもたらされた民主主義をお仕着せであると抵抗し、結束を固めてゆく。

クーデターによる「維新」の実現を夢見て右翼運動に奔走し続けた佐郷屋は、昭和四十七年四月十四日に没した。

佐郷屋のメッセージ

戦後民主主義の日本社会は、当然ながら「天皇の親兵」を自負する佐郷屋の思いとは、何かと乖離することが多かった。

昭和三十三年（一九五八）十二月、皇太子の結婚相手をめぐり、柳原白蓮《びゃくれん》らが反対運動を起こしてデマや中傷を流した際、佐郷屋は憤慨して同志とともに「皇太子さまの御婚約に反対する一部右翼のものに忠言する」会を開き、次のように挨拶している。

「大義は自づと名分。

天皇、皇后両陛下お出ましの皇室会議に於いて決定し、御聖許を仰ぎ奉った今日に於いて、兎に角云うのは臣下の分際としてあるべからざるもの。宜しく聖慮を仰いで八千五百万国民と喜びを共にすべきである」

またある時は政財官界の腐敗堕落と右翼の現状に憤り、次のように過激なメッセージを放っている。

「右翼が、右翼の本質を忘れてしまって、下手な演説なんかばかりやっているから、右翼を甘く見てあいつらどもがのさばるんだ。

右翼の本領とは何か。

佐郷屋と妻（『国士佐郷屋嘉昭（留雄）先生とその周辺』）。

右翼の本領は『テロ』だ、右翼がテロをやらないから、あいつらどもが世の中を馬鹿にしてのさばるのだ、散発的でも何でもいゝ、テロの二、三発でもぶっ放して見ろ、あいつどもは一ぺんに音をあげて静かになる」（荒原朴水『国士　佐郷屋嘉昭（留雄）先生とその周辺』平成五年）

佐郷屋は「維新」を実現させるためには「破壊の面と建設の面」といった役割分担が必要で、自分は「破壊」を担当するとも語っている。

終生テロリストであることを誇りとし、テロが時代の突破口になると固く信じていた。現在も右翼の間では神格化され、語り継がれている一人である。

三　朝鮮人愛国団による抗日テロ

昭和天皇をターゲットに

日本は明治以降、「帝国主義」の西洋列強からアジアを護《まも》るとの名目で、国威を広げてゆく。昭和がスタートした当時、日本の領土は北海道、本州、四国、九州、沖縄の他に樺太《からふと》（南半分）、朝鮮、台湾およびこれらの周辺の島々まで広がっていた。

だが、支配される側からは日本の「帝国主義」だと非難され、凄まじい抵抗も受けたりもした。

上海に居住する朝鮮人の中には多くの独立運動家がおり、かれらは大正八年（一九一九）四月、フランス租界に大韓民国臨時政府を設立する。

昭和六年（一九一七）九月、満州事変が勃発し、中国における反日的気運が高まるや、臨時政府は抗日テロの特務機関を設けた。その責任者となったのが、臨時政府で国務委員内務長など数々の要職を歴任した金九《きんきゅう》（金亀・白貞善）である。

金は愛国団を結成し、テロリストを集めた。まず、李奉昌に昭和天皇暗殺を命じ、日本に送り込む。当時三十二歳の李はかつて日本に渡り働いたが、さまざまな朝鮮人差別の悲哀を体験したという。

金は李に、天皇暗殺は朝鮮独立の突破口になるなどと、説く。

こうして昭和七年一月八日、李は桜田門の警視庁前で、陸軍始観兵式から戻る途中の昭和天皇の馬車行列めがけ、手榴弾を投げつけた。

だが、李が狙った馬車に乗っていたのは宮内大臣一木喜徳郎で、破裂した手榴弾は馬車の桐底を傷つけ、近衛兵らに軽傷を負わせた程度だった。李は、二発目を投げることなく警官に取り押さえられ、天皇暗殺の目的を認めた。

そのため、大逆罪に該当するとして大審院で裁かれ、九月三十日に死刑を宣告されて十月十日、市ケ谷刑務所において執行された。

ちなみに皇族に危害を加えたり、加えようとした「大逆罪」で裁かれたのは、この李の事件の他、次の三件がある。明治四十三年（一九一〇）五月に明治天皇暗殺計画が発覚したとして翌四十四年一月に幸徳秋水ら十二名が死刑に処された事件が最初で、一般に「大逆事件」とはこれを指す。その後の虎ノ門事件（154頁）、朴烈事件（147頁）もまた「大逆事件」であった。

上海での抗日テロ

この事件は中国国民党の機関紙に、日本が他民族を圧迫するため発生した「当然のこと」として報じられる。

それが、日本居留民の反発を買った。

日本政府も国民政府に「不敬行為」だと抗議して、上海事変を引き起こす一因にもなったという（許世楷「桜田門外大逆事件」『日本政治裁判史録』）。

他にも金九は朝鮮本土、満州、日本本土などへテロリストを送り込んだ。

そのひとり、三十二歳の尹奉吉は四月二十九日、上海の虹口公園（現在の魯迅公園）で開催中の天長節祝賀会に、爆弾を投げこむ。

これにより上海派遣軍司令官陸軍大将白川義則《よしのり》が重傷を負い、間もなく死亡した。他にも、駐華公使重光葵《しげみつまもる》や第三艦隊司令長官海軍中将野村吉三郎ら要人たちが重傷を負う（重光は右足を失う）。

被害者が軍人だったことから、尹は上海派遣軍の軍法会議で裁かれ、殺人罪、殺人未遂罪などにより死刑判決を受けた。そして陸軍第九師団の駐屯地である石川県金沢市に移され、十二月十九日に処刑、埋葬された。

戦後、尹の遺骨は韓国に持ち帰られ、ソウルで「義士」として国民葬が行われる。

平成四年（一九九二）には関係者により、金沢市野田山に「尹奉吉義士殉国紀念碑」が建てられた。

金沢市野田山の尹奉吉の碑。

韓国では安重根・李奉昌とともに、独立に尽くした「三義士」の一人とされる。

なお、これらの抗日テロ事件により中華民国側は金らの一派に、二万八千円の褒賞金を払った。以後、中華民国は大韓民国臨時政府に急接近し、支援するようになる。

金九は戦後、大韓民国臨時政府首席を務めるなどして一九六二年、建国勲章大韓民国勲章が授与された。

四　血盟団事件

井上準之助・団琢磨暗殺

民政党筆頭総務で前蔵相の井上準之助は昭和七年（一九三二）二月九日午後八時の少し

前、東京・本郷追分の駒木小学校に裏門から入ろうとした。衆議院議員総選挙に立候補した、駒井重次の応援演説のためである。

その時、和服に中折れ帽の男が背後から近づき、井上めがけ拳銃で三発撃った。井上はただちに自動車で東大病院に運ばれたが、ほどなく絶命した。

狙撃したのは小沼正《おぬまただし》という二十二歳の茨城県人で、取り調べに対し、

「井上準之助が蔵相当時にとった緊縮財政のために農村は壊滅に陥った」

と、殺害の動機を述べた（長尾和郎『暗殺者』昭和四十六年）。

つづいて三月五日午前十一時前、三井合名会社理事長の団琢磨《だんたくま》が三井本館の玄関で、飛び出して前方に回り込んで来た洋服姿の男に、至近距離から拳銃で二発撃たれた。

団はただちに三井本館五階の医務室にかつぎ込まれたが、弾丸は二発とも右肺を貫通しており、約一時間後に絶命した。

狙撃した菱沼五郎は二十二歳の茨城県人で、取り調べに対し次のように語った。

「団琢磨は三井財閥の巨頭として、政党と結託して政界を腐敗させ、さらに日本経済を左右し、日本全国を不景気のどん底に陥れた。彼を暗殺して政界を粛正し、日本を不景気から救うためにやった。背後関係はない」（前掲書）

だが、警察はその背後関係を追い、関係者十四人を検挙する。

首謀者は井上日召《にっしょう》という、日蓮宗の僧で超国家主義者であった。「一人一殺」を標榜する日召が集めたテロリスト集団を、取り調べに当たった検事たちは「血盟団」と呼んだ。

リーダーは井上日召

明治十九年（一八八六）、群馬県に生まれた井上日召は同四十三年には満州に渡り、陸軍参謀本部の嘱託として諜報活動に従事したこともある。

のち、日蓮宗に帰依した日召は、昭和四年（一九二九）十二月より伯爵田中光顕《みつあき》（土佐藩出身。宮内大臣など）の意向もあって大洗《おおあらい》（現在の茨城県東茨城郡大洗町磯浜町）の立正護国堂に入った。

護国堂は、田中が明治天皇からの下賜品を展示するため建立した明治記念館（のち常陽明治記念館、現在の幕末と明治の博物館）に附属するものだった。

田中は昭和十四年（一九三九）三月二十八日、九十七歳で没したから、最高齢の「幕末の志士」とされる。幕末の頃、土佐を脱藩して長州藩に走り、尊攘運動に奔走した田中は水戸をみずからの思想の故郷と考えていた。そのため大洗の地を選び、記念館などを設けたのである。

ここで日召は布教のみならず国家主義を説き、近隣の農村青年を集めて門下とした。その数は二十数人という。彼らは水戸が「明治維新」の源流であり、大義に殉じるとの教えを受けて、育って来た。だからこそ「昭和維新」は自分たちの手で起こすとの、強い気負いがあった。

昭和五年十月頃、護国堂を出て上京した日召は、国家改造をめざして軍部にも接触する。昭和六年十月の、陸軍青年将校らによるクーデター未遂事件にも関与した。

日召は、諸悪の根源は政党・財閥・特権階級だと考えていた。

これらを実力で除き、天皇を戴《いただ》く反資本主義的な社会改革の実行を目指そうとする。そのため「国家改造」を望む海軍の青年将校らと昭和七年の紀元節、二月十一日前後に政財界の大物たちを暗殺しようと計画を進めた。

護国寺の井上日召銅像

ところが、海軍は同年一月に上海事変が勃発するや、同志の多くが出征してゆく。しかもリーダー格の藤井斎少佐は、戦死してしまった。そこで日召は、門下の若者たちに暗殺による変革を次のように呼びかける。

「この小人数で、わずかな武器をとって立ちあがるには暗殺に徹する以外に道はない。革命にとって、単なる捨て石になるかもしれない。それでも、君たちは悔いなく決行できるのか」（小沼正『一殺多生』昭和四十九年）

こうして協議の結果、暗殺のターゲットとして次の者たちが候補にのぼった。

政友会の犬養毅・床次《とこなみ》竹二郎・鈴木喜三郎、民政党の若槻礼次郎・井上準之助・幣原喜重郎、財界の池田成彬・団琢磨・郷誠之助・木村久寿弥太（ほか三名）、特権階級の西園寺公望・牧野伸顕・徳川家達（『一殺多生』）。実際はこのうちの井上・団を斃したにとどまる。

なぜ、暗殺に走るのか

裁判のすえ、日召・小沼・菱沼の三人が無期懲役（昭和十五年〈一九四〇〉に恩赦で仮出所）、ほかは三年から十五年の有期刑に処された。

血盟団のひとり、東大法学部在学中の四元義隆は法廷で、非合法的な暗殺を行うのかを合理的に説明している。

「要するに、現実を維持することに合うようにするときは、それは合法的ということになりますが、その現実を破ろうとするときは、そのことは現実を維持せんとする人たちにたいしては非合法的だということになります。だからそれらの人は、我々を非合法的だというかもしれませんが、私はそんなことは問題ではありませぬ。いやしくも現在を革命するというのに、合法的にやろうとしてはそこに矛盾があります」（高橋正衛『昭和の軍閥』昭和四十四年）

法を作り、行使する相手と戦うためには、法から外れざるをえないとの主張である。これは、権力に抗する者の切実なる思いだろう。

さて、日召が本拠とした護国堂（日蓮宗東光山護国寺）は大洗の地に現存し、境内には三重塔や日召銅像（平成元年建立）、四元が揮毫した「昭和維新烈士之墓」など幾つかの碑が並ぶ。

そのひとつ、平成六年（一九九四）に建てられた御影石の碑には、日召の遺訓が列記されている。

「護国堂之賦
諸悪の根源、政党・財閥・特権階級、国家革新は先ず此処ぞ
宇宙無限、絶対開悟、大解脱、歓喜の日召光の暉《て》
宇宙一元、天地一体、自他一如、善悪美醜対立あらず
個人対個人国対国民族対民族対立は闘争阿修羅の世界
一人一殺、捨石となれ、先ず破壊、建設は向後の人等に任す

一殺多生、日召の描く昭和維新雄図、なかなか実現し難し
一人一殺、日召の秘策、胸にしかと的しぼり、狙ふ隠密の行
昭和維新の盟主日召、此処に眠る永遠の人、魁の人
昭和維新発生の地に、和尚を囲み同志等の魂魄晏晏たり
合掌
南無妙法蓮華経　奉呈　堀川秀雄
平成六年三月三日　弘多流布大洗道場」
建碑した堀川は、百余歳の長寿を全うした事件関係者。過激な文言が並ぶ碑の建立が平成になって行われたというのも驚かされるが、境内には独特の緊張感が漂っており、今も共感する者が絶えないことをうかがわせる。

五　五・一五事件

犬養毅を暗殺

ロンドン軍縮会議以来、特に海軍は国防の観点からも危機感を募らせた。

「昭和維新」を唱える海軍青年将校藤井斎（上海事変で戦死）・三上卓・古賀清志らを中心

とする革新派は、井上日召ら血盟団や橘孝三郎を指導者とする愛郷塾生の農民決死隊と結びつく。

そして「一人一殺」では能率的でないとし、大規模な組織テロを計画する。東京を撹乱《かくらん》させて戒厳令を出させ、その間に軍部政権を樹立しようというのだ。

日召らによる血盟団事件から三カ月ほど経った昭和七年（一九三二）五月十五日、日曜日の午後五時半ころ、三上卓（海軍中尉）・黒岩勇（海軍予備役少尉）・山岸宏（海軍中尉）・村山格之（海軍少尉）ら四人と陸軍士官候補生五人の計九人（年齢はいずれも二十代）が二手に別れ、首相官邸の表門・裏門から侵入した。

海軍青年将校と陸軍士官候補生らによって射殺された犬養毅首相。

拳銃を片手に警官や守衛を蹴散らして官邸の奥深くに進んだ三木らは、やがて食堂で長男夫婦や孫保彦と団欒中だった、浴衣姿の犬《いぬ》養毅《かいつよし》を見つける。

三上はピストルの引き金をひくが、弾を込め忘れていたため、不発。そこで犬養は「話せばわかるじゃないか」と、三上を十五畳の客間に誘った。

犬養は床の間を背に、座布団の上に座る。この時、裏から乱入した山岸らも合流したが、犬養は「靴ぐらい脱いだらどうか」と、静かに言った。

三上が国家のために一命を申し受けると言うと、犬養は卓上の煙草を取り上げて、くわえようとした。その瞬間、山岸が「問答無用、撃て」と叫ぶ。そして、

「話せばわかる。話せばわかる……」

と繰り返す犬養の頭を、三木と黒岩がピストルでそれぞれ撃ち、裏口から立ち去った。犬養は、

「あの若者を呼んでこい、話せばわかる」

と三たび繰り返したという。東大の青山・茂木両博士が駆けつけた時には手の施しようがなく、翌十六日午前二時三十分に絶命した。享年七十八。

つづいて古賀清志（海軍中尉）たちも内大臣牧野伸顕邸・政友会本部・日本銀行・三菱銀行、そして警視庁を襲ったが、はかばかしい成果を上げることは出来なかった。

別動隊である農民決死隊は「東京暗黒化」を計画して東京周辺の変電所六カ所を襲ったが、送電機能にほとんどダメージを与えることが出来ず、これも失敗に終わった。

内閣総辞職

安政二年（一八五五）、現在の岡山県に生まれた犬養毅は立憲改進党の結成に参加し、議会開設以来、衆議院で連続当選して来た政党政治家の長老である。

大正十四年（一九二五）には自らが率いる革新倶楽部と立憲政友会を合同させ、昭和四年（一九二九）に田中義一が没すると後任として政友会総裁となり、政友会内閣を組閣する。

犬養が暗殺のターゲットになった理由につき、事件の最新研究である小山俊樹『五・一五事件』（令和二年）は、

「将校の動機は犬養首相個人への怨嗟ではなく『国家の改造』にあった…犬養首相は、あくまで権力の象徴として倒された」

とする。

首相犬養を失った内閣は翌十六日、総辞職した。

元老西園寺公望は軍の過激化を顧慮し、海軍大将斎藤実を後継首相に推薦する。海軍側は海軍大臣大角岑生《おおすみみねお》以下、軍務局長に至るまで責任をとって辞任したが、陸軍大臣荒木貞夫は斎藤内閣に留任した。このため、以後政策決定における陸軍の発言力が強まる。

ここに、政党政治の時代は終わった。

政友会内部には「犬養首相の柩《ひつぎ》を政友会本部に安置し、軍部と決戦すべし」との声もあっ

たという（鈴木正『暗殺秘録』昭和四十三年）。

だが、経済恐慌、農村の疲弊と続く中、財閥と結び付いた政党は自ら墓穴を掘って国民の信頼を失っていた。それは海軍側被告に百万以上、陸軍側被告に三十五万七千以上もの減刑嘆願が寄せられたことからも、うかがえる。海軍大臣の大角が、予備役にまわされずに済んだのも、こうした同情のお陰だとされる。

裁判のすえ古賀・三上らが叛乱罪で十五年の禁固刑に処されたのが、一番重い処分であった。

六　永田鉄山斬殺

「統制派」対「皇道派」

昭和のはじめ、陸軍内では「統制派」対「皇道派」と呼ばれる派閥争いが激化する。東條英機や永田鉄山を中心とする統制派は、もともと軍のエリート層が多かった。彼らはソ連を仮想敵国とし、来るべき戦争は近代総力戦になると考えていた。そのためには現実論に徹し、政治・経済・国民生活のすべてを統制して、軍隊を強化しようとする。

一方、荒木貞夫や真崎甚三郎を中心とする皇道派は、国体のもとに国民を団結させて、精神主義で強い軍隊を築き上げようと考えていた。

陸軍省軍事局長永田鉄山が相沢三郎中佐に斬殺された事件の現場写真。

皇道派を支持していた青年将校らは、兵隊を直接率いる少尉や中尉が大半だった。それだけに恐慌から脱せない、農村部出身の兵士と接する機会も多かった。同情心もあって資本主義を批判し、政財界や軍閥の巨頭を武力で一掃して、最後は天皇の審判を仰ごうと考える。

陸軍省軍務局長で統制派の主要人物である永田鉄山が、相沢三郎中佐に斬殺される事件が起こったのは昭和十年（一九三五）八月十二日午前九時四十分のことだった。

その日、永田は東京三宅坂にあった陸軍省の軍務局長室に東京憲兵隊長新見英夫大佐と兵務課長山田三郎大佐を呼び、報告を受けていた。用が済んだ山田が部屋から出ようとしたところ、マントを着た相沢三郎がすれ違いに入って来る。

相沢は刀を抜き、「天誅」と叫びながら永田に襲いかかった。止めようとた新見大佐は左腕を斬られ、倒れた。

咄嗟に逃げようとした永田は、第一撃で背中を斬られたが、これは致命傷にはならなかった。さらにドアに手をかけたところ、第二撃で右肩から袈裟懸けに斬られた。そして第三撃で右背から胸を貫かれたが、切っ先はドアに達するまであり、これが致命傷となる。相沢は倒れた永田に襲いかかり、止めを刺す。享年五十二。

永田鉄山は長野県・上諏訪出身、陸士を首席で卒業、陸大卒のエリートである。大正二年（一九一三）にはドイツ駐在となり、同地で陸士十六期の同期小畑敏四郎・岡村寧次と陸軍改革を密約した。同十五年に陸軍省動員課長、昭和七年に少将、同九年に軍務局長となる。その目ざすところは「国家総動員計画」の完成だった。

事件ひと月前の七月十五日、元老・重臣らと結んだ統制派は、皇道派のリーダー真崎甚三郎を、教育統監の座から更迭していた。このため皇道派は永田を、激しく憎んでいたのである。

相沢三郎という男

福島県白河生まれの相沢三郎は陸士二十二期生で、各地の連隊で勤務し、剣道四段の腕前

だった。事件当時は四十七歳。直情径行型の人物だったとされ、皇道派の影響を強く受けていた。予審では、

「突然教育統監真崎甚三郎大将が罷免更迭されましたが、これは大問題で陸軍大臣を輔佐すべき重大責任ある永田閣下が、策動したものと考へました」

と、犯行の動機を述べている。

公判の供述によると、永田を殺した相沢は尊敬する山岡重厚中将の部屋まで戻り、

「私はこれから偕行社《かいこう》に行き買物をして、台湾に赴任する」

と述べた（相沢は八月一日付で台湾歩兵第一連隊付の転任命令を受けていた）。それから医務室に行ったところを、私服の憲兵に捕らえられた。

真夏にマントを着てうろついていたり、山田中将に報告に行ったり、上官を殺しても罪にならないと思い込んでいたりしたことから、「相沢狂気説」も出たという（『暗殺秘録』）。

予備役に編入された相沢は第一師団軍法会議の予審、公判を経て翌十一年五月七日、死刑を宣告されて、七月三日銃殺刑に処された。享年四十八。

惨劇の現場に居合わせて重傷を負った新見は二カ月後、京都憲兵隊長に更迭された。さらに陸軍を辞して中国大陸に渡って警察官の養成に尽くす。昭和四十八年五月十六日、八十七歳まで生きたが、山口県徳山市（現在の周南市）で没する直前、薄れゆく意識の下で、

「オレが閣下を殺した」

とつぶやいたという。新見は視野狭窄《きょうさく》の症状があり、永田に近づく相沢に気づくことが出来なかったようである。

やはり現場にいた山田は「何ら手を施さず、逃げまわっていた」などの非難を受け、事件から五十日後の昭和十年十月五日に自宅で自決している。

この事件は統制派対皇道派の対立を顕在化させ、公判の最中に「二・二六事件」が勃発した。

七　二・二六事件

総理官邸襲撃

皇道派の青年将校たちは、相沢三郎中佐の事件に衝撃を受け、自分たちも急進的な方法による「昭和維新」の実現を望むようになる。

「奸臣」を除いた上で、真崎甚三郎を首相とする軍事政権が樹立されれば、自然と一君万民の国体が顕現し、そうなれば内外の諸問題が解決出来ると考えた。皇道派将校らの拠点ともいうべき第一師団の歩兵第一連隊（歩一）が、満州へ移駐と決まっており、彼らは焦りを募らせてゆく。

二・二六事件の反乱軍（蹶起部隊）による原隊復帰の行進。青年将校たちによるテロは軍首脳たちに利用され、やがて太平洋戦争へ突入してゆく。

こうして昭和十一年（一九三六）二月二十六日早朝、降りしきる雪の中で「二・二六事件」が勃発した。

軍国主義的政策に消極的な岡田啓介内閣を倒すため、歩兵第一、第三、近衛歩兵第三の各連隊の兵士と下士官一千四百八十三人は完全武装し、七部隊に分かれ、東京各所を襲撃する。

岡田首相のいる総理官邸には午前五時ころ、歩一の栗原安秀中尉らが指揮する三百人（うち二百三十九人は初年兵）が、乗り込んだ。

栗原率いる主力は官邸表門から突入し、警備の警官と激しい撃ち合いのすえ邸内になだれ込み、奥へと進む。また、通用門からは栗田良作伍長率いる約二十人が、裏門からは林八郎少尉率いる約六十人が、おのおの突入した。

総理官邸は公式な執務用の官邸と、寝食などのための公邸とに分けられ、その間は堅固なシャッターで仕切られている。襲撃された時、岡田は公邸内にいた。寝室から二人の警官と義弟で私設秘書の松尾伝蔵陸軍大佐に誘導されて、風呂場に逃げ込む。

一方、蹶起軍《けっきぐん》は風呂場から中庭に出て来た老人を撃ち殺し、岡田首相を殺したと思い込んだ。だが、岡田は風呂場に潜んだ後、女中部屋の押し入れに隠れて、難を逃れていた。そして襲撃から三十時間後に、官邸を脱出する。

実は殺されたのは、岡田の義弟で私設秘書を務めていた松尾伝蔵陸軍予備役大佐だった。松尾は福井県出身で、当時六十三歳。とどめとして額を撃ち抜かれていたせいもあり、兵士たちは岡田と見誤ったようである。

栗原中尉はかつて、士官学校の士官候補生に対して与えた訓示の中で、

「暗殺ハ最高ノ道徳」

と教えていた(大谷敬二郎『二・二六事件の謎』昭和四十二年)。国体顕現が目的の暗殺を、彼らは誇りとしていたのだ。

斎藤実内大臣、高橋是清《これきよ》大蔵大臣、教育総監渡辺錠太郎《じょうたろう》もそれぞれ蹶起軍に私邸で殺され、鈴木貫太郎侍従長は重傷を負った。親米英派とされた前内相の牧野伸顕も神奈川県・湯河原

で襲撃されたが、難を逃れた。

襲撃後、蹶起軍は首相官邸、陸軍省、参謀本部を占拠し、武装した兵士を配して永田町一帯の交通を遮断する。

奉勅命令が発せられる

陸相官邸を占拠した蹶起軍は川島義之陸軍大臣に対し、事態の収拾を急速に行うこと、維新回天の方向に導くこと、決起の趣旨を天聴に達することなど、八項目からなる要求を突き付けた。

二十六日午前九時三十分、川島は昭和天皇に事件の状況を奏上する。

つづいて非公式の軍事参議官会議が開かれ、荒木貞夫・真崎甚三郎の意見をもとに「陸軍大臣告示」が作られ、夕方には蹶起軍に伝えられた。そこには、

「一、蹶起ノ主旨ニ就テハ天聴ニ達セラレアリ。
二、諸子ノ行動ハ国体顕現ノ至情ニ基クモノト認ム」
などとあり、蹶起軍を喜ばせた。

さらに二十七日午前三時には、政府が東京市に戒厳令を一部施行し、事件現場への往来や立ち入りを禁じる。

そこに蹶起軍が組み入れられたのだから、大義名分を公認されたに等しく、これで維新への道筋がつけられたと思った者もいた。

この日は午後、蹶起軍全将校と真崎ら三軍参議官が会見。蹶起軍側は真崎に事態収拾を期待するが、陸軍内部は叛乱にどう対処するかで、混乱していた。

しかし天皇は当初から鎮圧を強く望んでおり、陸軍の対応に対して、

「朕自ラ近衛師団ヲ率ヒ、此ガ鎮定ニ当ラン」

とまで、強硬な態度を示す。こうして二十八日午前五時に、

「三宅坂付近ヲ占拠シアル将校以下ヲ以テ…速ニ現姿勢ヲ徹シ所属部隊長ノ隷下ニ復帰アルベシ」

との、奉勅命令が発せられた。

これで蹶起軍は、占領地にとどまるだけで「逆賊」になってしまう。

つづいて午後一時には討伐命令が下され、このまま居続けては「皇軍相撃」は必至となった。

投降を促す三万枚ものビラが飛行機から撒かれ、ラジオからは兵たちに対して「兵ニ告グ」との帰順勧告が繰り返され、「勅令下ル軍旗ニ手向フナ」のアドバルーンが掲げられたりした。

首謀者の処刑

蹶起軍将校たちは協議のすえ、兵士たちを元の隊に復帰させる。

こうして二月二十九日午後二時に至るころには、叛乱は鎮圧された。

それから陸相官邸に集まった安藤輝三以下十九人の将校は戒厳部隊に拘束され、階級章を剥ぎ取られた。

陸軍首脳部は山下奉文少尉の意見により、将校らに軍人として切腹の機会を与えようとして、準備を進めた。

そのさ中、将校のひとり野中四郎大尉が秘書官室で拳銃自殺を遂げる。これに衝撃を受けた他の将校たちは、

「死は易く、生は難い、公判を通じて広く国民に訴えてから死んでも遅くはない」

と言い出したため、切腹は中止となる。

そして、憲兵によって代々木練兵場の南に位置する陸軍衛戍刑務所へ送られた（小坂慶助『乱れ飛んだ前夜の怪情報』『目撃者が語る昭和史・四』平成元年）。

将校らは三月四日より、勅令二十一号により開設された軍法会議により裁かれた。「一審、上告なし、非公開、弁護人なし」という、戒厳令下での特設軍法会議である。

裁判は七月五日まで続き、十六人の将校に死刑判決が出た。

陸軍衛戍刑務所の西北隅に設けられた処刑場は北の煉瓦塀に沿って五つの濠が掘られ、濠の奥には真新しい桧製の十字架が建てられた。そこから十メートル離れて射撃位置が定められ、それぞれ三八式歩兵小銃二挺が据えられた。

そして早くも七月十二日には午前七時より五人ずつ、三回に分けて計十五人が処刑された。

一回目は香田清貞・安藤輝三・栗原安秀・対馬勝雄・竹島継夫。

二回目は丹生誠忠・坂井直・中橋基明・田中勝・中島莞爾。

三回目は安田優・高橋太郎・林八郎・渋川善助・水上源一。

すべて終わったのは、八時三十分ころだという。磯部浅一と村中孝次は、黒幕とみなされた国家社会主義者の北一輝・西田税を裁くさいの重要参考人として、この日は処刑されなかった。

天皇を叱責する磯部浅一

磯部浅一は山口県大津郡菱海村出身、陸士卒（三十八期）で、昭和四年（一九二九）には陸軍中尉となる。しかし同九年の十一月事件で停職、十年に統制派を批判して免官になった。

北一輝の革命思想を一点、一画の変更も無く実現すると考えていたのは、蹶起軍の将校では磯部くらいだと言われている。相沢事件以降は憲兵と警視庁警官に監視されていた。

村中孝次も北に心服してはいたが、軍事的テロルを行った後は革命思想を実現するよりも、「大御心《おおみごころ》にまつ」との発想だった。安藤輝三・安田優などは、北の思想に促されたのではなく、「飢えた農民」を救うために磯部や村中に呼応して、蹶起したのだった（松本健一『北一輝の革命』平成二十年）。

磯部が残した「獄中記」には天皇に対する赤裸々な思い、そして彼らが目指した国体とは何だったかが綴られている。その一部を、次に引用する（河野司編『二・二六事件獄中手記遺書』昭和四十七年）。

「天皇陛下は十五名の無雙の忠義者を殺されたのであらふか、そして陛下の周囲には国民が最もきらってゐる国奸等を近づけて、彼等の云ひなり放題に御まかせになつてゐるのだらうか……。

御耳に達したならば、なぜ充分に事情を御究め遊ばしませんので御座いますか、なぜ不義の臣等をしりぞけて、忠烈な士を国民の中に求めて事情を御聞き遊ばしませぬので御座いますか、何と云ふ御失政でありませう。

こんなことをたびたびなさりますと、日本国民は、陛下を御うらみ申す様になりますぞ……。

陛下、日本は天皇の独裁国であつてはなりません。重臣元老貴族の独裁国であるのも断じて許しません、明治以後の日本は、天皇を政治的中心とした一君と万民との一体的立憲国でありります、もつとワカリ易く申上げると、天皇を政治的中心とせる近代的民主国であります、左様であらねばならない国体でありますから、何人の独裁をも許しません……

陛下、なぜもつと民を御らんになりませんか、日本国民の九割は貧苦にしなびて、おこる元気もないのでありますぞ……」（昭和十一年八月十一日条）

「天皇陛下　何と云ふ御失政でありますか。何故奸臣を遠ざけて、忠烈無雙の士を御召し下さりませぬか

八百万《やおろず》の神々、何をボンヤリして御座るのだ、何故御いたましい陛下を御守り下さらぬのだ……」（八月十四日条）

「陛下が私共の挙を御きき遊ばして

『日本もロシアの様になりましたね』と云ふことを側近に云はれたとのことを耳にして、私は数日気が狂ひました……。

今の私は怒髪天をつくの怒にもえてゐます、私は今は、陛下を御叱り申上げるところに迄、精神が高まりました。だから毎日朝から晩迄、陛下を御叱り申して居ります

天皇陛下　何と云ふ御失政でありますか、何と云ふザマです、皇祖皇民に御あやまりなさりませ」（八月二十八日条）

磯部の言葉は日を重ねるにつれて、過激さを増す。天皇と国民を結び付ける、「昭和維新」を実現出来ずに死んでゆかねばならない悔しさを、忌憚ない言葉で日記の中で天皇にぶつけ続ける。

辞世は、

「国民よ　国をおもひて狂となり　痴となるほどに国を愛せよ」

磯部・村中・北・西田が先の十五人と同じ場所で処刑されたのは、翌十二年八月十九日のことだった。

刑死者の墓など

蹶起軍将校らが処刑された陸軍衛戍刑務所の処刑場跡は、現在の渋谷区宇田川町の一角である。

ここに、二・二六事件関係の犠牲者すべてを慰霊する、右手を高く天に差し伸べた観音像が建立され、昭和四十年（一九六五）二月二十六日に七百人が参列して、除幕式が行われた。除幕の紐を引いたのは、栗原中尉の母である（高橋正衛『二・二六事件』昭和四十年）。

添えられた碑文では事件を説明した後、次のように建立の意義を述べている。

「この因縁の地を撰び、刑死した二十名と自決二名に加え、重臣、警察官この他事件関係犠

賢崇寺に建てられた「二十二士之墓」。

牲者一切の霊を合せ慰め、且つは事件の意義を永く記念すべく、広く有志の浄財を集め、事件三十年記念の日を期して慰霊像建立を発願し、いまここにその竣工をみた。

謹んで冥福を祈る。」

この碑文を書いた河野司は事件の際、湯河原に牧野伸顕元内相を襲い、自決した河野寿大尉の実兄である。河野司は蹶起将校の遺族の集まり仏心会の世話を永年務め、多くの著作も残して事件を後世に伝えた。

また、処刑された十九人、自決した二人、永田軍務局長を殺した相沢三郎の分骨を合葬した「二十二士之墓」が十七回忌となる昭和二十七年七月十二日、港区元麻布の賢崇寺に建てられ、現在も供養が続けられている。賢崇寺が選ばれたのは、処刑された栗原安秀中尉の父との縁による。

将校たちの多くは幕末、老中暗殺を画策して「安政の大獄」に斃れた吉田松陰を信奉しており、影響を受けていた。

たとえば安藤輝三は処刑の時、懐中にしていた封筒に松陰神社（東京）のお札と四枚の半紙に書いた辞世を入れていた。『二・二六事件獄中手記遺書』には血に染まったお札の写真が掲載されている。安藤の辞世のひとつは、

「国体を護らんとして　逆徒の名　万斛の恨　涙も涸れぬ　ああ天は　鬼神　輝三」

であった。

磯部浅一もまた、同郷の先人である松陰に傾倒しており、分骨を埋めた妻登美子との合葬墓が、松陰の墓がある千住回向院（現在の荒川区南千住）に建てられた。

将校たちを裏で扇動したとされた真崎甚三郎ら皇道派の重鎮たちは予備役に入れられ、陸軍の要路は統制派が占めることとなる。

青年将校たちによるテロは、軍首脳たちに利用された。テロの脅威を背景に、派閥を解消した軍の政治介入はとどまるところを知らず、昭和十六年十二月に太平洋戦争へ突入してゆく。国内外に甚大なる被害をもたらしたあげく、同二十年八月十五日に終戦の詔書が発せられた。

第五章　昭和の暗殺事件（戦後）

敗戦後日本は連合国軍の占領を受けながら、戦前・戦中の反省を踏まえて民主化の道を歩んだ。

昭和二十年（一九四五）十二月には新選挙法により婦人参政権が実現し、二十一年一月には昭和天皇が人間宣言を行い、二十二年五月には新憲法が発布されて個人の尊重、言論の自由が認められるなど、価値観もめまぐるしく変わってゆく。幕末以来の課題だった「言路洞開」はより進化して、暗殺もまた激減した。

そして昭和二十六年九月、アメリカ・サンフランシスコにおける講和会議で結ばれた平和条約により、連合軍による占領は終わり、日本は主権を回復した。

全権として講和会議に出席したのは、首相吉田茂である。吉田は平和条約と同時に、日米安全保障条約（安保条約）を結んだ。

これにより、引き続き日本国内および周辺に、極東の平和維持を名目としてアメリカ軍駐留が認められた。そして日米地位協定により、日本は駐留軍に基地を提供することとなる。ただし、駐留するアメリカ軍に、日本を防衛する義務があるとは明記されていない。また、条約期限も解消法も決めていないなど、さまざまな問題点もあった。

当初から日本国民の間でも、これでは対等な関係ではなく、日本はアメリカの傀儡であるとの非難の声が起こったりもした。のちに、安保条約の改定に心血を注ぐことになる岸信介《のぶすけ》も、次のように批判している。

「いわば占領時代の残滓《ざんし》というべきものだった。日本に内乱が発生した場合についての細かな取り決めがあったし、米軍基地における日本側の行政権もいちじるしく制限されていた」（岸信介「日米安保条約と私」『証言の昭和史9』昭和五十七年。以下岸の回顧談は同書による）

そして、病のため昭和三十二年二月二十五日、僅か二カ月で辞職した石橋湛山《たんざん》に代わり首相（第五十六代内閣総理大臣）に就任した岸は、アメリカとの協調路線をとりつつも、安保条約改正により日本の自主性回復を目指す。

就任後、渡米した岸は、アイゼンハワー大統領と会談し、安保条約を対等な総合援助にしたい旨を申し出る。その結果、日米安全保障条約委員会が結成され、一年がかりで改定の骨子を決めることとなった。翌三十三年九月には外務大臣藤山愛一郎が渡米して交渉のすえ、ダレス国務長官も改定の必要を認める。

一　河上丈太郎襲撃

政治の季節

「政治の季節」と呼ばれる昭和三十五年（一九六〇）になると、血なまぐさいテロ事件がたて続けに起こった。

その年一月八日、首相岸信介は日米関係の対等化を目指し、渡米してワシントンで新しい安全保障条約に調印した。

岸の言によれば、それは吉田茂が結んだ旧条約とは、「共同防衛区域の片務性を米軍の日本駐留で補正する条項をはっきりと設けたこと」「米軍が、①日本での配置または装備に重要な変更をする。②日本防衛以外のための戦闘作戦行動の基地に日本の施設・区域を使用する場合には、いずれも日本政府と〝事前協議〟することをうたった」点などで違っていた。

また、岸は国力の許す限り自衛隊の拡張、海上自衛隊の艦艇や飛行機の増強といった、軍備強化にも力を注ごうとする。

岸が帰国すると、衆議院で批准《ひじゅん》のための審議が始まった。だが、社会党など革新勢力は反対運動を拡大し、批准を阻止して政権の崩壊を狙う。

新条約は軍国主義への回帰だと、知識人や学生たちも危険視し、自民党内でも三木・松村派、河野派、石橋湛山（前首相）などが異論を唱えた。反対運動は国民的規模にまで拡大し、いわゆる「安保闘争」となる。

岸は六月二十日に予定されていたアメリカ大統領アイゼンハワーの来日までには、批准を済ませようとした。

そこで五月十九日午後十時二十五分、デモ隊が国会議事堂を囲む中、政府と与党のみで安保特別委員会を開き、警察官導入のもと、新安保条約、地位協定、関係法案を可決してしまう。

つづいて衆議院本会議で、新安保条約と地位協定を強行採決した。これで参議院の議決が無くても、法的には三十日後に自然成立することになった。

戦後初の政治テロ

警察官を導入した強行採決を新聞は激しく批判し、反対のデモは日増しに激しさを増す。

こうした中、六月十七日午後六時過ぎ、社会党顧問の河上丈太郎が、若い男に刃物で刺されて負傷する事件が起こる。

これが、戦後初の政治テロ事件となった。しかも現場が国会内というのは憲政史上初であり、再び「テロの時代」が訪れるのではないかとの不安も高まる。

河上丈太郎は社会党の中でも右派のリーダーだった重鎮で、戦時中は大政翼賛会《たいせいよくさんかい》の総務も務めて、戦後は一時期、公職を追放されたりした。安保改定にも当初は賛意を示していたが、国会が開かれると反対の立場にまわっていた。

この日、河上は衆議院の面会所正面玄関で、他の社会党代議士らとともに、請願を受けていた。そこへカーキー色の上下を着た若い男がデモの人波をかき分けて近づき、河上の背後にまわり込んだ。

男は河上の右肩を掴み、刃渡り十センチの切り出しナイフを逆手に持って、左背中に突き刺した。それからいったんナイフを抜き、もう一度刺そうとする。

だが、近くにいた社会党の女性議員が悲鳴を挙げたため、男は逃げようとした。そこを、二人の男性社会党議員が取り押さえた。

河上は応急手当の後、東京慈恵医大付属病院に入院した。傷は幅二センチ、深さ四センチで、全治二週間だった。

犯人は、二十歳の戸潤《とま》真三郎。中学卒業後、都内で溶接工をしていたが、前年暮にやめていたという。

その頃から戸潤は、「安保」における全学連に反感を抱くようになり、その背後には社会党の扇動があると思い込んだ。このため社会党のトップクラスを襲い、反省を促そうと考える。ターゲットは必ずしも、河上でなくてもよかった。

東京地裁における第一回の公判で、戸潤は事実関係は認めながらも、殺意は否認した。ただ、供述に飛躍した点があるため、精神鑑定が行われた。結果は、

「知能指数は七一で精神年齢は一〇歳程度。性格は従順、無口、陰気で内閉的。分裂気質は強いが、精神分裂病ではない」

とされた。そして第三回公判での供述は「殺すつもりだった」と、ひるがえったりした

(『戦後政治裁判史録③』昭和五十五年)。

政治的背景は無いとされ、十二月十日、東京地裁で出されたのは求刑どおりの懲役五年、実刑判決だった。

一方、河上は同年、社会党分裂危機の混乱の中で委員長選挙に立候補し、浅沼稲次郎に僅差で敗れた。だが、この年、浅沼は刺殺され、河上が委員長となる。昭和四十年(一九六五)五月、委員長を辞任し、その年十二月三日、七十六歳で没した。

二　岸信介襲撃

岸信介の不人気

岸信介は、明治二十九年（一八九六）山口県の生まれである。一高から東大に進み、卒業後は官僚になって農商務省、商工省の要職を歴任した。

昭和十一年（一九三六）、満州に渡った岸は経済開発政策を推進し、商工省に戻って次官となる。つづいて開戦時の東条英機内閣では商工大臣として入閣した。

このため、戦後の極東軍事裁判（東京裁判）ではA級戦犯容疑で逮捕され、巣鴨《すがも》プリズンに抑留される。しかし三年半の後、不起訴のまま釈放された。

やがて公職追放を解かれると、昭和二十八年、吉田茂の自由党に入党して政界復帰を目指し、衆議院議員に当選した（以後九回連続当選）。

それから三年十カ月後の昭和三十二年二月二十五日、岸は総理大臣の椅子に座る。本人ですら七、八年はかかると考えていたというから、驚くべきスピード出世だった。強運に恵まれた人生だったことも、確かである。

だが、多くの国民は岸に対してガチガチのタカ派、怪しげな戦犯容疑者といった悪印象を抱いていた。このため岸内閣スタート時の朝日新聞の世論調査での支持率は三十三パーセントと、前政権よりも二割ほど低かった。しかも教育問題に介入したり、警職法の改正を行おうとしたりしたから、国民の不信感は高まった。

「安保闘争」の激化は、このような岸不人気が一因だったことは否めない。だが、この点につき岸は、次のように釈明している。

「おそらく国民の大多数は安保改定について関心を持っていなかったのではないか…どちらかといえば、ジャーナリズムが煽っているのは、議論を尽さずに、ひたすら安保改定に反対するという物の見方であり、理解を深めようとする態度ではなかった」

岸は安保改正など関心が薄かった国民を、マスコミが煽ったから大騒動に発展したと主張したいようだ。無関心だった裏付けとして岸は、

「国会から二キロと離れていない銀座通りでは、いつものように若い男女が歩いていたし、後楽園球場には何万という観客が集まっていた」

などを挙げるが、これはさすがに無理があろう。

岸はデモ隊を「声ある声」とし、自分は「声なき声」に耳を傾けるなどとも言った。こうした発言を岸は当時からマスコミに対しても行ったため、凄まじい反感を買う。

痛々しい敗戦から、まだ十五年しか経っていない。しかも国際社会では、米ソの冷戦状態

が続いていた。安保条約改正により、いつ、日本が巻き込まれるかも知れないといった不安が強くあった。

国民感情は現代からは想像もつかない程、戦争の可能性に対してデリケートだったのである。あるいは、岸は解散して総選挙を行い、国民に問うべきだと考えていたとも、後になって述べている。ところが、自民党内では川島正次郎幹事長が解散に極力反対したため、出来なかったのだとも言う。

「まだ保守合同が成って五年目、党内には反対勢力も存在して微妙なバランスを保っている状態だ。解散したら、一挙に足並みが揃わなくなる。また解散はある意味懲罰に等しく、代議士にとっては最大の負担になる。およそこういったところが、私に解散を思い止まらせる反対意見だった」

ずっと後まで、解散しなかった事を悔いていたようだ。

ついに刺される

岸信介自身が語るところによると、新しい安保条約の成立後も、総理の椅子に居続けるつもりだったらしい。次なる目標は、非武装を謳った憲法九条の改正だった。

ところが六月十五日夕刻、十万人の国会デモのうち、全学連の学生七千人が国会構内にな

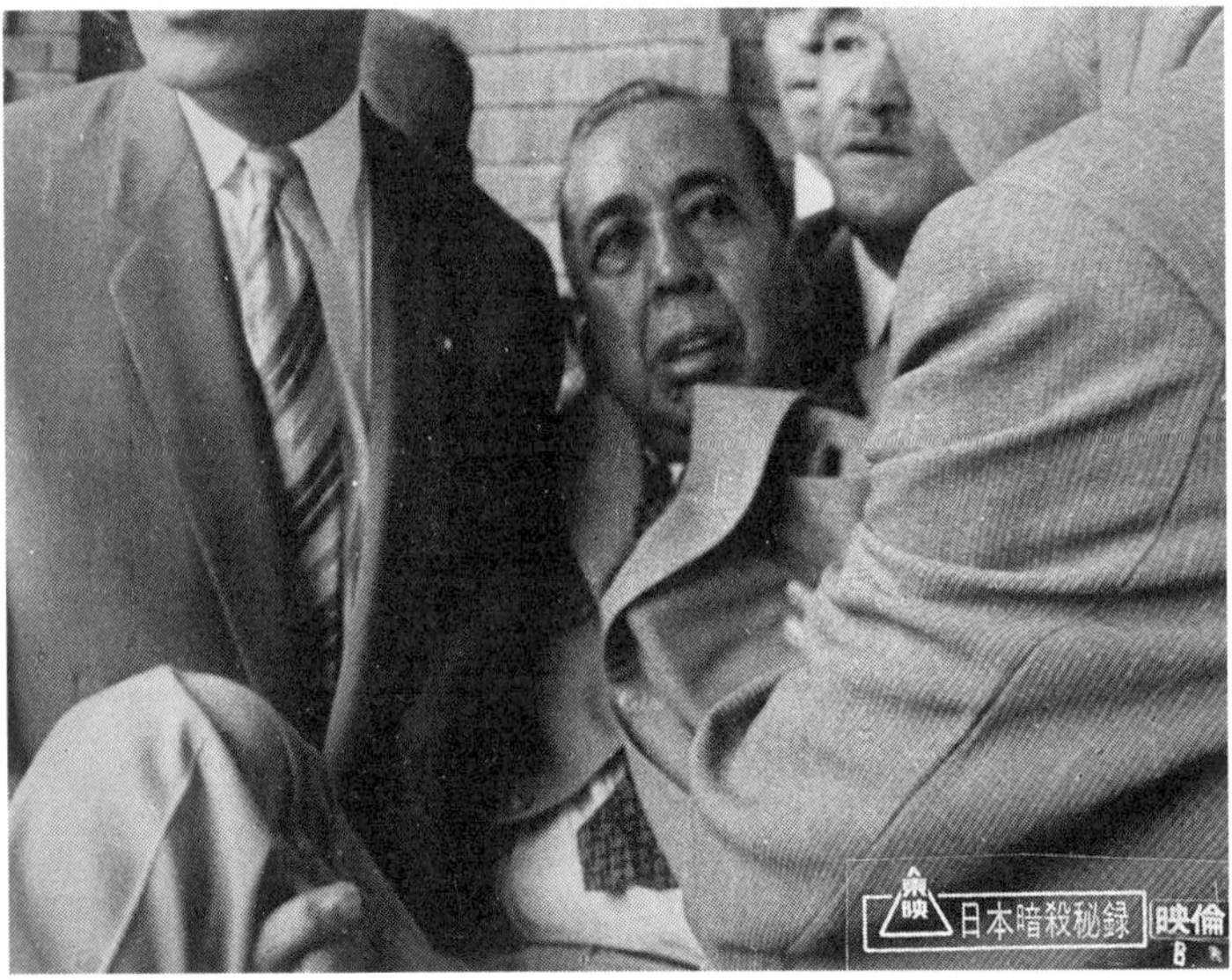

岸首相襲撃の写真は後年、映画「日本暗殺秘録」のロビーカードに使われた。（249頁参照）。

だれ込み、機動隊と衝突して東大生の樺《かんば》美智子が死亡するという流血事件が起こる。

これが「重大な転機」となり、岸は警備の最終責任者として、総理辞任を決意せざるをえなくなった。

そして六月十九日、新しい日米安保条約はデモ隊が国会を包囲する中、自然成立する。二十三日には条約批准書換、発効となった。この日、岸は臨時閣議で「人心一新と政局転換」のためと、辞意を表明する。

七月十四日午後、日比谷公会堂において自民党大会が開かれ、岸に代わる自民党総裁に池田勇人《はやと》が選出された。続いて首相官邸の中庭において、新総裁就任祝賀のレセプションが行われ、岸も出席する。

午後二時二十分ころ、退席して帰ろうとした岸が玄関口に差しかかったところ、一人の男が近づいて来た。男は登山ナイフで岸の左尻などを六回にわたり刺す。

負傷した岸は、秘書などに抱えられて病院に向かった。この時の写真を見ると、刺された岸の手足には力が入っておらず、目は虚ろで放心状態のようである。

その場で逮捕された犯人は、もと右翼団体大化会の幹事長荒牧退助で、年齢は六十五。薬局を経営していたという（薬の行商とも）。七月二日の新聞で自民党大会が開かれるのを知り、十三日から会場にやって来て、機会を狙っていた。

自民党大会の入場券を入手した荒牧は、バッヂを付けていただけで官邸に入れたというのだから、当時の警備は現代よりもずっと甘かった。

岸を刺した理由

捜査段階で実行犯の荒牧退助は、岸を襲った動機を次のように供述している（『戦後政治裁判史録③』）。

「岸首相を倒せば国民的英雄になれると思った」

『安保改定で不手際をやった岸首相をこらしめようと考えてやった」

「反省を促すため、心ある者が、痛い目に会わせなければならないと考えた」

「このまま黙って岸首相をやめさせるわけには行かない。岸を傷つけることよって、今後よい政治が行われると思った」

さらに一審の被告人質問では、

「私のやったことは、国家、社会のためによかったと思う。安保条約改定のやり方が不満だった。私は岸首相に引退の機会を作ってやったわけだ。気の毒とは思わない」

などと語った。確固たる信念というより、岸の不人気に便乗した、売名的な要素が感じられなくもない。

荒牧は殺人未遂で送検されたが、東京地裁は殺意は認められないとして、傷害罪で起訴した。

そして懲役五年の求刑に対し、昭和三十六年（一九六一）四月、懲役二年が言い渡された。

その理由として、

「自己の信念のみを是《ぜ》とし、他人の言動を非として之《これ》を無視することは、反省がないから進歩はない」

とある。ところが荒牧側と検察側の両方が不満ありとして控訴した。次の高裁では懲役三年となり、三十七年五月、最高裁で上告棄却される。

背後関係については、はっきりしないままであった。

岸首相は大野伴睦《ばんぼく》への禅譲を臭わせながらも、池田勇人としたため、憤慨した自民党院外団が荒牧と共謀して事件を起こしたのだともいう。あるいは荒牧が、亡き東大生の樺美智子とその父に同情したのが動機ともいう。

安保改正の直後だったから、事件は国内のみならず、アメリカ側にも少なからぬ衝撃を与えた。

「日本は戦前のテロ時代に帰った観がある」

と、『ニューヨークタイムズ』は報じたりしている。

つづく首相襲撃

岸信介の事件は、戦後初の現職内閣総理大臣が襲撃された事件となった。以後、昭和だけでも、次の総理襲撃事件が起こる。

昭和三十八年（一九六三）十一月五日には池田勇人首相が、福島県郡山市で街頭演説中に右翼の石本隆夫に短刀で襲われた。池田に傷はなく、石本は殺意を否認したが、懲役五年の実刑判決が下った。

昭和五十年六月十六日には三木武夫首相が日本武道館で行われた故佐藤栄作の国民葬に参

列中、大日本愛国党員の筆保泰視《ふでやす》に顔を殴られた。愛国党は核兵器の不拡散に関する条約に、日本が加盟することに反対していた。裁判のすえ、筆保には懲役二年が言い渡された。

なお筆保には昭和四十七年三月二十二日、羽田空港から中国へ向かおうとしていた衆議院議員藤山愛一郎（岸内閣の外務大臣など）に硫酸をかけようとして、逮捕されたりした「前科」があった。

昭和五十三年十二月十八日には、自民党に不満を抱く広瀬純夫が、首相公邸の玄関前で車に乗り込もうとしていた大平正芳《おおひらまさよし》に襲いかかった。広瀬は登山ナイフを持って体当たりして、大平を刺そうとしたが、傍らにいたＳＰに取り押さえられる。大平の生命に別状は無かった。

暴走族あがりの広瀬は、事件の二年前、国士館大学に入った頃から右翼思想に興味を抱くようになり、右翼団体の活動に参加していた。タイ国の右翼団体の若者が、祖国を守るためとして共産ゲリラと戦っているのを知り、感動したともいう。大平を襲った理由を、

「日本民族の真の独立を勝ち取るためには、自主憲法を制定して国軍の保持を明確にし、軍人をほこりをもって国の守りにつけるようにすることが何より重要なのに、単に物理的な意味での軍隊にすぎない自衛隊をつくりあげただけで、この問題にとりくもうとしていない」

などと述べている。東京地裁で懲役五年の判決が出た（『戦後政治裁判史録③』）。

三　浅沼稲次郎刺殺

十七歳のテロリスト

「政治の季節」のテロは、岸信介の退陣では終わらなかった。

昭和三十五年（一九六〇）十月十二日午後三時七分、東京の日比谷公会堂で演説中の社会党委員長浅沼稲次郎が、十七歳の少年に襲われたのである。

その日、午後二時より行われた立ち会い演説会は公明選挙連盟・東京都選管委・ＮＨＫの共催で、演題は「総選挙に臨むわが党の態度」だった。

民社党委員長西尾末広に続き浅沼が登壇すると、会場からは右翼の激しい罵声、野次が飛び、「中ソの手先、容共社会党を打倒せよ」と書いたビラが撒かれるなど、騒然となった。そのため浅沼の演説は一旦中断され、司会者は静粛にと要請する。

やがて浅沼が演説を再び始めた時、ひとりの少年が客席から壇上に駆け上がり、刃渡り三十五センチの日本刀で浅沼の左腹あたりを、体当たりするようにして二度刺した。

浅沼はパトカーで日比谷病院に運ばれる途中で、息を引き取る。心臓の下部に達する、深さ八センチ余りもある刺し傷が、致命傷だった。享年六十一。

浅沼が刺される瞬間、たまたま全国にテレビ中継されていたため、社会に与えた衝撃度もとりわけ大きかった。

たちまち十数人の私服刑事らに取り押さえられた少年は、山口二矢《おとや》という。年齢は十七。警視庁、東京地裁の取り調べを受けた後、東京練馬の東京少年鑑別所に身柄を移された。

山口二矢の人生観

昭和三十五年（一九六〇）十一月一日・二日、公安部公安第二課における山口二矢の供述調書が残っている（山口二矢顕彰会編『山口二矢供述調書』平成二十二年。以下二矢の供述は同書による）。

昭和十八年、東京・谷中に生まれた二矢は、小学校三、四年生頃のこととして、「社会党や共産党、労働組合がストやデモをやって騒ぎ、『戦前の日本は悪かった』などといっているので反撥を感じ、これらの悪い点を探すために書物や新聞などをよく読み、人から聞いて何となく『左翼は怪しからん』と思うようになりました」と述べている。中学校に入った二矢は読書を続け、こうした考えをさらに深めてゆく。

東北帝大卒の父晋平は防衛庁に勤務していたが、家族には国防とか愛国の問題を話すことは無かったという。

社会党委員長浅沼稲次郎、演説中に右翼の少年山口二矢に刺殺された。

むしろ二矢は、右翼思想を持つ兄朔生の影響を受けたようだ。兄は赤尾敏を総裁とする大日本愛国党に所属しており、昭和三十四年のメーデーで検挙されたりしていた。

二矢も大日本愛国党の党員となり、赤尾の指導を受ける。日比谷公園での安保反対集会に殴り込んだり、立会演説会に抗議して何度も検挙、釈放を繰り返す。

「私は赤尾先生の指導を信頼していたし、自分も左翼を倒すことは、国のためになることと堅く信じていましたから、警察に検挙されても全然恥とは思いませんでした」

と、その胸中を十一月一日の取り調べで語っている。

そして二日の取り調べの最後の方で、人

生観につき問われた二矢は「大義に生きることです」とし、そこに至った理由を次のように説明する。

「私は生まれて現在まで接したすべての人たちの影響もあってこのような考えになったことは否定致しませんが、環境によってのみ思想的影響を与えるという考え方は、いわゆるユダヤ的唯物論から見た考え方で間違っていると思っております。

私には日本人の血が流れており、唯物論ではとうてい割り切れない持って生まれた日本精神という唯心論的なものがたぎっており、天性からこういう人生観、思想などが形成されたと思っています。

尚、本当の日本人であれば、私のような人生観、思想というものが心の奥底には必ずあると思います」

さらに二矢はソ連に友好的な自民党の河野一郎や石橋湛山、社会党の松本治一郎、日教組の小林委員長、共産党の野坂参三などもターゲットに考えていたと語っている。

神格化される二矢

昭和三十五年（一九六〇）十一月二日の取り調べ後、練馬の少年鑑別所に送られた山口二矢は、約六時間後の午後八時半過ぎ、東寮二階第一号個室内において自殺した。シーツを裂

いて作った紐《ひも》を用いて、首を吊ったのである。遺書は無かったが、壁には歯磨き粉を用いて、

「七生報国、天皇陛下万才」

と書かれていた。かつて特攻隊も掲げた「七生報国」は、七回生まれかわっても、国に尽くすとの決意である。二矢は、

「大東亜戦争で国のため子孫のため、富や権力を求めず、黙って死んで行った特攻隊の若い青年に対し尊敬しております」

とも語っているが、生命を超越したところにあるとされる、悠久《ゆうきゅう》の「大義」を信じていたのだろう。

また、二矢も明治以降のテロリストの多くがそうであったように、ヒットラー・児島高徳・西郷隆盛・山鹿素行と共に、吉田松陰を「崇拝して」いた。

「吉田松陰は指導理念に秀でて安政の大獄で捕り、法を犯せば例え悪法であってもその処罰に従うべきであるという考え方が正しいと思います」

と語っている。

事件を起こす半年ほど前、二矢は大日本愛国党を離党し、反共アジア青年連盟に所属していた。捜査当局は二矢の背後で糸を引いた者が存在したと、強く疑う。

そのため、関係者らが逮捕されたり別件で起訴されたりする。だが、赤尾敏の影響は認め

られるものの、結局は「直情径行型」の性格である二矢の単独犯行とされた。本人が早々に自殺したため、謎が残されたのも確かである。

この頃、右翼勢力は安保闘争により、日本が共産主義的な流れに向かうのではないかと、危険視していた。

明くる昭和三十六年の一月三十日には東京の日比谷公会堂において「赤色革命から国民を守る国民大会」が開催され、一千三百人が集まったという。

あまりにも純粋で短い二矢の生涯は、右翼の間で伝説となり、神格化されてゆく。目的を達した後、早々に自決したのも潔しとされた。

二矢の生涯を追ったノンフィクション文学の傑作、沢木耕太郎『テロルの決算』（昭和五十三年）の「終章　伝説、再び」には、掌に傷が残る刑事の話が出て来る。

浅沼を刺した二矢にとっさに飛びかかった刑事は、刀を素手で掴んで奪い取ろうとした。あえて刀を引けば、刑事の手はバラバラになってしまう。二矢は一瞬迷った後、短刀から手を離したという。

この「伝説」により二矢は、人格的に完成されていたとされ、神格化に結び付いているのだという。

いまも毎年命日には東京港区の梅窓院の墓前で、有志による二矢忌が続けられており、黒づくめの参拝者たちが厳粛な雰囲気で二矢を偲ぶ。

一方、浅沼の葬儀は昭和三十五年十月二十日、日比谷公会堂において社会党葬として、二六〇〇人もの参列者を得て行われた。

この時、社会党は浅沼の霊前で、「人間解放」の遺志を受け継ぐと誓う。十一月の総選挙では同情票も集まったとされたが、浅沼という柱を失ったため、以後の社会党は内部分裂を繰り返し、失速してゆく。

浅沼が遭難時に着用していた血に染まった洋服上下をはじめとする遺品一括が、遺族から東京の衆議院憲政記念館に寄贈された。いまも現存する。

四　嶋中事件

天皇を茶化す

嶋中事件につき述べる前に、終戦後に激変した天皇観につき、少し述べておきたい。

『大日本帝国憲法』は第一条で「大日本帝国ハ万世一系ノ天皇之ヲ統治ス」と謳う。なぜなら、天皇は神の子孫だからである。だから日本国は他国よりも優位に立ち、天皇は世界を統治するのである。

だが、終戦後の昭和二十一年（一九四六）一月一日に発せられた詔書により、昭和天皇は「人間宣言」を行った。そこでは天皇を「現人神」とするのは、「架空ナル観念」であると、自ら述べている。

するとそれまでの反動もあったのか、天皇の戦争責任追及をはじめ激しい批判が堰を切ったように噴き出す。

たとえば、その年五月十一日の「米よこせデモ」では赤旗が初めて皇居に入り、天皇の食事献立の公表を要求した。つづく五月十九日の食糧メーデー（飯米獲得人民大会）では、

「詔書　国体はゴジされたぞ　朕はタラフク食ってるぞ　ナンジ人民　飢えて死ね　ギョメイギョジ」

と大書したプラカードが皇居前広場のデモに登場し、問題となる。

東京検事局は「不敬罪」にあたるとして、プラカードの作者を起訴し、裁判が行われた。一審は不敬罪ではなく、名誉棄損で懲役八カ月の判決。

二審は不敬罪だが、新憲法公布の大赦令で赦免。最高裁では不敬罪には触れず、大赦令により公訴権が消滅しているとして、無罪判決が出た（『戦後政治裁判史録①』昭和五十五年）。

不敬罪が無くなり、旧憲法から新憲法に切り替わる過渡期に行われた裁判だった。

マスメディアでは特に、東京の人民社（編集・発行・印刷人佐和慶太郎）から出た、いわゆるカストリ雑誌の『真相』が、従来のタブーを打ち破り、天皇を徹底して批判し、時に茶化す。

同誌の「特集版第二集・ヒロヒト君を解剖する」（昭和二十三年）では巻頭の「天皇にあたえる」との一文から、天皇の戦争責任を追及する。「宣戦布告の署名人」との理由から謝罪、退位を求めるのである。

つづいて「外国人はヒロヒトをどうみる」「天皇制はどこに残るか」「優生学上よりみたヒロヒト」「名士の回答　天皇は退位すべきか」「市民生活的に見た天皇一家」などの赤裸々な批判記事が続く。

『真相』の全体を掌握しているわけではないが、以前古書店で見た他の号もまた、このような論調で天皇をこき下ろした記事を掲載していた。このような過激な内容の雑誌が発行、市販されていたこと自体、今日から見ると驚きである。

『風流夢譚』という小説

ＧＨＱによる占領から解放され、社会が落ち着くと、天皇をタブー視する風潮もまた強まってゆく。

昭和天皇の「人間宣言」があったからといって、「現人神」と崇める神国思想が消えたわけではなかった。

それでも、喜劇の舞台劇では昭和天皇の物まねなども登場していたと聞く。昭和三十四年（一九五九）四月に皇太子と結婚したお相手を、国民は「ミッチー」と呼んで親しんだ。戦前のような、皇室に対する張りつめた空気は消えたかに見えた。

そんな中、『中央公論』昭和三十五年（一九六〇）十二月号に深沢七郎『風流夢譚《ふうりゅうむたん》』という一編の小説が掲載され、大波乱を巻き起こす。ちなみに深沢は山梨県出身で、昭和三十一年、四十二歳の時書いた『楢山節考』が認められ、第一回中央公論新人賞を受賞した新進気鋭の作家だった。

『風流夢譚』は、「私」がある晩見た夢の話である。朝、井の頭線に乗っていると、都内の中心地で革命が起こり、すでに皇居も占領されたと知らされる。バスに乗って皇居広場に行くと、皇族の処刑が行われており、それがいちいち実名で登場する。

最後は甥に起こされて「私」は夢から覚めるというオチである。

右翼たちの決議

『風流夢譚』のような皇室を実名で茶化した作品が、『中央公論』といった大手の超メジャーな雑誌に掲載され、書店に並んでいたこと自体、現代から見ると信じられない話ではある。

この作品がいかにして世に出、騒動を巻き起こしたのかは、当時の『中央公論』編集部員中村智子が十五年後に著した『『風流夢譚』事件以後　編集者の自分史』（昭和五十一年）に詳しい（もっとも他の関係者の証言は食い違う点もある）。

それによると、『風流夢譚』の原稿が『中央公論』編集部に渡されたのは、昭和三十五年（一九六〇）九月中旬のことだった。

まだ、世間では安保闘争で揺れていた頃である。

それを次長と部員二人が読み、十月上旬の編集会議で「掲載してもよい作品だと思う」との意見を述べた。しかし、十月十四日になり浅沼稲次郎刺殺事件が起こり、竹森清編集長は掲載をストップさせようとする。

すると、『新潮』から『風流夢譚』をこちらで掲載したいと言って来た。そうなると『中央公論』では惜しくなったのか、締め切り間際になり、やはり掲載することに決めた。こうして『風流夢譚』を掲載した十二月号が十一月十日に発売されたのだが、さまざまな新聞や

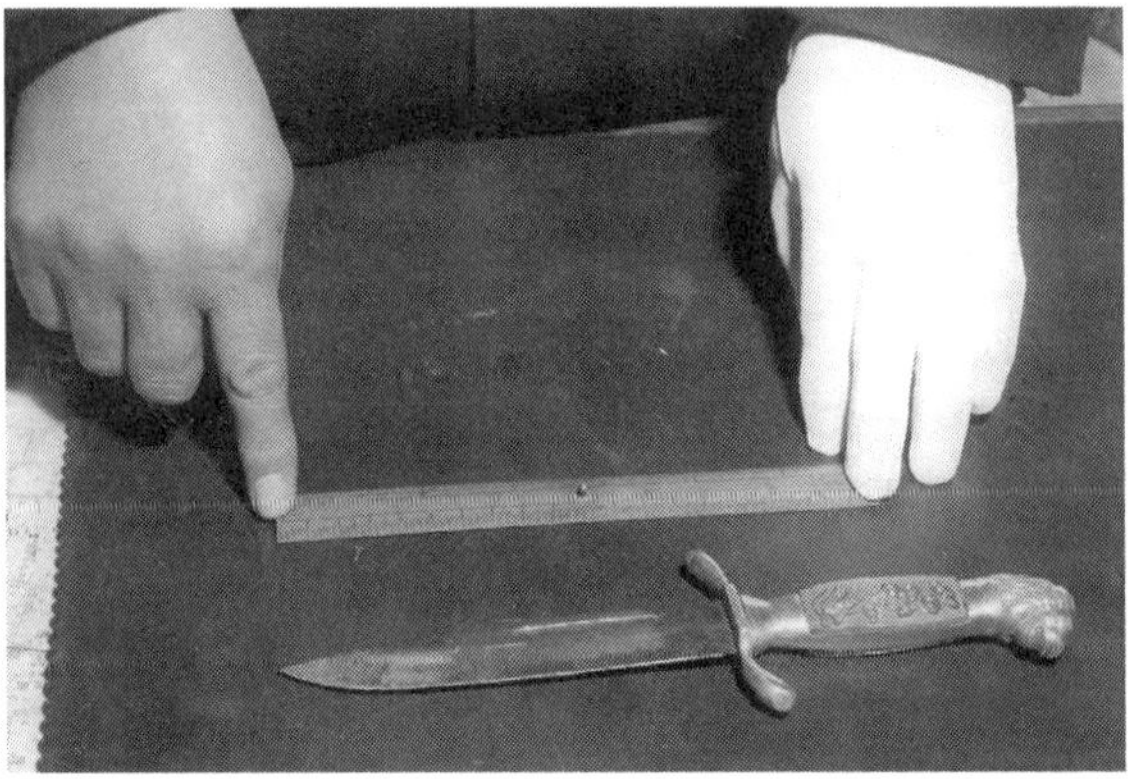

嶋中鵬二社長宅を襲い２人を殺傷した犯人、小森一孝が使用した登山ナイフ。

雑誌に賛否両論の批評が出て、大変な反響を巻き起こす。

そこまでは出版社にすれば、話題になったと喜んでいられたのだろうが、右翼が動き出してから、雲行きが怪しくなり始めた。宮内庁サイドからもクレームがつき、愛国党員が東京・京橋の中央公論社に押しかけて抗議するような問題へと発展してゆく。

年が明けて昭和三十六年一月三十日、日比谷公会堂で開かれた帝都日日新聞社主催の「赤色革命から国民を守る国民大会」では野依秀市・赤尾敏・浅沼美知雄らが激烈な演説を行い、

「深沢七郎の国外追放、『中央公論』の廃刊とその社の解散、新聞と中央公論三月号に謝罪文を出せ、池田首相はすみかに名誉棄損の告訴をおこなえ」

との決議がなされた。

その後、彼らのうち三十人が貸し切りバスに乗って中央公論社に押しかけ、嶋中鵬二社

長に決議文を突き付けて、二月六日までに回答するよう求める。

嶋中社長宅が襲われる

そして、ついにテロ事件が起こった。

昭和三十六年（一九六一）二月一日夜、山口二矢に影響された十七歳の元愛国党員小森一孝が、東京・市ケ谷砂土原町にあった中央公論社長嶋中鵬二宅を襲ったのだ。

小森は身長一七〇センチ。門をくぐり、玄関に鍵がかかっていなかったため、簡単に屋内に入り込み、玄関近くの応接室に潜む。

嶋中社長は不在だった。そこに、嶋中社長の夫人雅子が帰宅する。雅子夫人は奥四畳半の居間で着替えを始めたが、小森はナイフを振りかざして襲いかかり、左胸や腕を刺して、全治二カ月の重傷を負わせた。

さらに小森は、駆けつけた家政婦の丸山カネの左胸心臓を一突きし、ほぼ即死させて去った。そして翌朝、浅草署山谷の交番に自首した。

小森は長崎県の生まれで、父は事件当時、同県諫早区検で副検事を務めていた。地元の高校を二年で中退して家出し、名古屋でパン屋の店員、横浜で沖仲仕など職を転々とした。そして事件一カ月前の一月三日、東京・浅草を本拠とする大日本愛国党に入党した。

嶋中は『中央公論』昭和三十六年三月号で『風流夢譚』掲載の謝罪をし、予定されていた『思想の科学天皇制特集号』の発売を中止する。

この事件以後、マスコミは皇室報道の流れを変えてゆく。神国思想と言論の自由についての議論はなされず、それまで以上に、デリケートな問題と化していく。結果から見ると、小森が行ったテロは神国思想を護るために、絶大な効果があったと言えるかも知れない。だが、それは理解ではなく、罪無き者を犠牲にしたという恐怖からで、そのため事件はタブー視されているのだろう。

赤尾敏の談話

事件を起こす日の朝、小森一孝は「もう党活動を続けていく気がなくなった。やめさせて下さい」と総裁の赤尾敏に申し出て、大日本愛国党を辞めていた。

小森が逮捕された日、赤尾は新聞記者の質問に対し、「ぼくは全く関係ない」としながらも、小森を擁護し、社会への怒りをぶちまけている。

「言論には言論をもって対抗するといっても、言論の場は与えられていないではないか。中央公論が、あんなものを出した底流には共産主義がある。マスコミは、それに目をつぶっている。金がないわれわれは合法的にやれなければ、力でやるより仕方がない。今の言論の自

大日本愛国党総裁の赤尾敏は、小森を擁護して社会への怒りをぶちまけた。

由は一方的だ。殺されたお手伝いさんも可哀そうだが、一生を投げ打った少年たちをふびんと思わないか。一種の正当防衛だ。共産党の暴力革命が起これば、われわれは首を切られるし、あの小説のようになる。剣は悪いヤツを倒すためのものだ。行動は剣の働きである」（『戦後政治裁判史録③』）

『風流夢譚』掲載が、共産主義と直接関係があったかは疑問だ。思想というより、悪ふざけの度が過ぎた小説といった感じである。共産党の革命を前提とする正当防衛というのも、飛躍し過ぎだろう。それでも赤尾は、巨大な民主主義の「正義」に追い詰められた末、言論の自由が一方的であること、言論の場が与えられないといった苛立ちを、荒っぽい言葉で投げかける。対する「共産主義」側も「マスコミ」側も、議論する場を設けるよりも、逃げ腰になってしまった感は否めない。

警視庁は赤尾の殺人教唆を疑ったが、これは立証されず、小森の単独犯行とされた。裁判のすえ十五年の有期刑に処された小森は昭和四十六年、獄中死したという。

五　娯楽の中の暗殺

二・二六事件が映画に

戦後日本で、映画は大衆娯楽の王座にあり、それは昭和四十年代半ばまで続いた。この間、近現代のテロ事件を題材とした娯楽色の強い（時に興味本位の）作品が数多くつくられている。

まず、戦前や占領下なら不可能だった二・二六事件を描く、佐分利信監督「叛乱」（昭和二十九年）が登場した。原作は立野信之、脚本は菊島隆三で新東宝の作品。安藤輝三（細川俊夫）・磯部浅一（山形勲）ら青年将校を中心とする群像劇で、処刑される北一輝（鶴丸睦彦）が「天皇陛下万歳をやりましょうか」と言うと、西田税（佐々木孝丸）が「いや、私はやりません」と答えて、刑場に向かってゆくのがラストシーンである。相沢事件に始まり、ドキュメンタリー風に十八年前に起こった事件を再現、検証しようとしていた。

つづく新東宝の土居通芳監督「陸海軍流血史」（昭和三十三年）は全編が二・二六事件では

なく、絵巻物風に諸事件が続き、やや通俗的だ。最後にはそれでも「かかる悲惨事をふたたび歴史に繰り返さぬよう不断の努力をつづけなければならない」との反戦メッセージの字幕が出るのは、戦後十三年しか経っておらず、神経質にならざるをえなかったのだろう。むしろ新東宝が倒産する前年に作った、小森白監督「大虐殺」（昭和四十年）は関東大震災直後の朝鮮人虐殺、亀戸事件、甘粕事件などタブー視されがちな題材を扱い、画期的だった。

ある作家は二・二六事件を、現代の忠臣蔵と言ったそうだが、ここに手を伸ばして来るのが、昭和三十年代、娯楽色の強い時代劇を量産した東映だった。

東映は時代劇を作る傍らで、小林恒夫監督「脱出」（昭和三十七年）や「銃殺」（昭和三十九年）といった、二・二六事件を題材とした作品を作る、。

「脱出」は岡田首相を官邸から救出する憲兵（高倉健）を主人公にした、サスペンス。「銃殺」は立野信之『叛乱』の再映画化（脚本は高岩肇）だが、部下思いの安東（安藤がモデル。鶴田浩二）を主人公にした、情感たっぷりの、あまり問題意識などは感じさせないドラマになっていた。

メロドラマ化する二・二六事件

そして二・二六事件は、どんどんメロドラマ化してゆく。

武田泰淳原作の吉村公三郎監督「貴族の階段」（昭和三十四年）、利根川裕原作の五所平之助監督「宴《うたげ》」（昭和四十二年）などは事件を背景とした王道の悲恋物である。

三島由紀夫原作・監督「憂国」（昭和四十一年）も、蹶起に参加出来なかった将校と妻の自決を延々と描いた三十分ほどの異色作だ。

極め付きは東映の森谷司郎監督「動乱」（昭和五十五年）で、高倉健扮する青年将校（すでに高倉健は五十歳近いのだが）と吉永小百合扮するその妻の物語だが、エモーショナルなシーンの連続で、天皇制の問題などもぼやけて、将校らが何を目指しているのか、よく分からない。

蹶起《けっき》から鎮圧されるまでを描く五社英雄監督「226」（平成元年）も、構成はドキュメンタリータッチで、事件に迫るのかと思いきや、「動乱」以上に諸問題に突っ込もうとしない。戦後は時間が経てば経つほどタブー視することが多くなりすぎて、結局メロドラマにするしかないのだろう。

異様なのが、将校と妻子とのやたらとウエットなシーンが繰り返し、繰り返し挿入されることで、あげくは蹶起中の将校が妻に会いに行ったりもする。とにかく情に訴え、観客の涙腺を刺激して、将校は純粋な若者だった、かわいそうだと強調したいのだろうが、純粋ほど視野が狭く、過激に走りやすいといった問題を考える余地すら与えようとしない。昭和天皇崩御から半年後に公開された作品だけに、当時の若者の関心もかなり集めたと記憶する。

「日本暗殺秘録」という映画

昭和四十四年（一九六九）十月十五日、「日本暗殺秘録」という東映京都製作の映画が全国公開された。

当時、プログラムピクチャー中心の東映作品の上映時間は大体一本九〇分前後だが、これは一四二分もあり、千葉真一・片岡千恵蔵・藤純子・高倉健・鶴田浩二・菅原文太・若山富三郎らオールスターの大作だった。

製作は大川博、監督は中島貞夫、脚本は中島と笠原和夫である。「原作」として鈴木正『暗殺秘録』がクレジットされているが、後年、中島・笠原ともに疑問視しているから、会社側のクレーム対策だったようだ。

内容は「桜田門外の変」「大久保利通暗殺」「大隈重信暗殺未遂」「星亨暗殺」「安田善次郎暗殺」「ギロチン社事件」「血盟団事件」「永田鉄山暗殺」「二・二六事件」をオムニバスで描くが、全体の半分程は「血盟団事件」に費やされている。

その頃、血盟団のテロリストだった小沼正や菱沼五郎は健在だった。特に小沼は中島貞夫や笠原和夫に話を聞かせ、資料を提供するなどしている。予告編にも小沼を演じた千葉真一

映画「日本暗殺秘録」プログラム表紙。

と小沼本人が談笑する映像が使われているから、何かと協力的だったようだ。

しかし、なぜ、この時期に血盟団だったのか。この点、現在となっては明確な意図が見えないのだが、小沼が東映社長の大川博に「真の意図」を尋ねたところ、次のような答が返って来たという。

「今日の時局を観るときに、来年七〇年の安保問題を控えて、まことに憂慮に耐えないものを感じます。もう一度お互い日本人は、日本民族という観点から、諸問題解決の手掛かりとしてのポイントにと思い、製作に踏み切ったのです」（東映宣伝部発行の映画プログラム）

察するに、翌年に「七〇年安保問題」が控えているから、十年前のように大衆の関心が「暗殺」に集まるとの読みがあって製作したのではないか。「日本民族」云々は二の次のような感じである。出来上がった映画も社会派というよりも娯楽に徹した観があり、東映カラーが強く出ている。

監督と脚本家の思い

後年、監督中島も脚本笠原も、数百ページにもわたる大部の回想録を残しているが（『遊撃の美学　映画監督中島貞夫』平成十六年・『昭和の劇　映画脚本家笠原和夫』平成十四年）、「日本暗殺秘録」により強い思い入れがあったのは、脚本の主な部分を書いた笠原の方のように思える。関係者への取材、自身が目指したもの、テロに対する考えなど、こと細かに語り残している。

笠原によれば、天皇に反省を求める磯部浅一（二・二六事件）の獄中日記が使えなかったのは、事件で自殺した河野寿大尉の兄河野司（二・二六事件遺族による仏心会代表）が、ストップをかけたからだという（中島は「ある自民党の幹部の秘書」というが、これは記憶違いだと思われる）。

「もう、みんな忘れたがっているわけだし、そういうものが出たら、また反乱軍だとか、どうのこうのと遺族が言われるから、仏心会の会長としては困る」

との申し入れがあったという。だから映画は二・二六事件の将校らの処刑に続き、

「そして現代。暗殺を越える思想はあるのか」

との、思わせぶりな字幕が出て終わる。これは中島が、右翼のテロを「世直しみたいな文

脈で、なんとか左翼的に理解しようとしていたからだ」と、笠原は語る。

一方、笠原はテロリストの「陶酔」を描きたかった。だから脚本には、小沼正がお題目を唱えているうちに陶酔に入り、気を失うシーンがあったが、これは完成作品からカットされていた。それでも笠原が、

「テロリストのある種の輝きというのかな、それを描きたかったわけですよ……実在のテロリストたちが持っていた光芒というか、その輝く様を出したいという、ある種、観念的な主題で始めたんです」

と述べるほど、権力に立ち向かうテロリスト側のヒロイズムが強調されている。それは、「テロ礼讃」とも見える。右翼の集会などでもよく上映されたと聞くのは、そのためだろう。ただ、天皇の問題に直接関する難波大助と、まだ生々し過ぎた山口二矢は、さすがに触れられなかったようだ。

笠原によると、企画段階で自民党の保利茂幹事長から東映の大川社長に、「中止してくれ」との電話があったという。七〇年安保の直前、権力を握る為政者にすれば、不都合な、危険な映画だったことは察せられる。

公開時、東映が宣伝のため作った「日本暗殺秘録」の数種類のモノクロ・ロビーカード（劇場のロビーなどに掲出する写真）に、なぜか刺された岸信介が、放心したような表情で

運ばれてゆく写真が含まれている（222頁参照）。他は映画のワン・シーンだが、この一点だけ、実際の事件写真である（そもそも映画では岸の事件は採り上げていない）。これは、何かと圧力をかけてくる政権に対する、東映広報サイドの悪戯のように思えてならない。

なお、東映の作品は昭和六十年頃から東映ビデオより次々とソフト化されたが、よほど危険視されていたのか、「日本暗殺秘録」はなかなかソフトにならなかった。しかし、この間も繰り返し名画座などでは上映され続けた。平成二十三年になり、ようやくDVDソフトが東映ビデオから発売されて、ファンを喜ばせた。

現代ならば作ることすら難しいだろうが、太平洋戦争、六〇年安保闘争をくぐり抜けて来た当時の大衆のテロリズムへの理解をうかがい知るためにも、貴重な作品である。

六　三島由紀夫の暗殺論

暗殺は民主主義の副産物

岸信介が荒牧退助に刺された際、作家の三島由紀夫は『婦人公論』昭和三十五年（一九六〇）九月号巻頭に、次のようなコメントを寄せた。

「岸信介氏が刺客におそはれてから、日本もふたたび暗殺時代に入つたやうなイヤな豫感に襲はれてゐる人が多い。しかしこの位政治が混迷してゐると、そのマイナスばかり言つてゐるのも片手落ちである。少なくとも一部の政治家には、かういふ事件がいい薬になろうし、政治が命がけの仕事となれば、少しは政治家の背骨もシヤキリとするだろう、といふことも考えられる」

三島は、権力者に緊張を促すための暗殺には、理解を示す。また、別の機会には次のようにも述べている。

「どうして暗殺だけがこんなにいじめられるのか。私は、暗殺の中にも悪い暗殺といい暗殺があるし、それについての有効性といふものもないではないといふ考え方をする」(『文化防衛論』。引用は秋津建編『三島由紀夫語録』〈昭和五十年〉より)。

数の力がまかり通ってしまう側面を持つのが、民主主義社会である。それを変えるには、言論に拠《よ》らねばならないのは当然だが、現実はまた違ったりもする。三島はマイノリティの側に立っているとの自覚が強かったのだろう。だから、暗殺は、民主主義の副産物と考え、その可能性を完全には否定し切れなかったのだ。

行動した作家

暗殺に対して肯定的とも言える発言を繰り返した三島由紀夫だが昭和四十五年

（一九七〇）十一月二十五日、みずからが結成した楯の会メンバーである森田必勝《まさかつ》・小賀正義・小川正洋・古賀浩靖の四人を引き連れ、東京の自衛隊市ケ谷駐屯地に乗り込んだ。

そして、総監室で東部方面総監益田兼利を椅子にロープで縛りつけて人質とし、机などでバリケードを築いた。つづいて「七生報国」と書かれた日の丸鉢巻を巻いた三島は午前十二時ころから本部のバルコニーで、憲法改正、自衛隊の国軍化を目指すクーデターを起こそうと、自衛隊員たちに呼びかける。

「……いま日本人がだ、ここでもって起ち上がらなきゃ、自衛隊が起き上がらなければ、憲法改正ってものはないんだよ。諸君は永久にだね、ただアメリカの軍隊になってしまうんだぞ！」

だが、見上げていた千人もの隊員たちは応じるどころか、「気違い」「下りろ」などと三島に向かい激しい罵声を浴びせかける。早くも事件を知ったマスコミのヘリコプターが、上空を飛ぶ。三島はあえてマイクを使わなかったので、野次と騒音に最期の叫びはかき消されてしまう。

自衛隊が動かないと知った三島は森田と共に皇居に向かって「天皇陛下万歳」を三唱して総監室に戻り、制服を脱ぎ左脇腹に短刀を突き立て、右へ引きまわして切腹した。介錯の森田は三島の頭部に二太刀振り下ろしたが、上手く首が切断出来ない。古賀が三太刀目を振るい、古賀が短刀で首と胴を切り離した。享年四十五。つづいて森田が切腹、古賀が介錯した。享年二十五。わずか一時間程の自衛隊占拠だった。

ひとつ間違えば、公共の秩序を破壊するテロに発展する危険を孕んだ事件であった。そしてノーベル文学賞候補とも言われた高名な作家が日頃の言動を行動にして示し、生命を投げ出したことに、世界中が釘づけになり、多くの者が衝撃を受けた。マスコミの多くは反民主主義だと批判した。佐藤栄作首相は事件直後「気が狂ったとしか思えない」とコメントしたが、「アメリカの軍隊になってしまう」との、三島が遺した危機感は、没後半世紀余り経ってもなお、解決されないどころか、より深刻な問題となって日本の上に重くのしかかっている。

なお、三島が市ヶ谷に突入した十一月二十五日は、旧暦十月二十七日、すなわち吉田松陰の祥月命日に当たる。三島は日頃から、松陰を崇拝していたという。それが単なる偶然だったのかは、分からない。

事件後、中曽根康弘防衛庁長官は益田総監に責任を被せて保身に徹し、非難された。

翌四十六年十二月六日の第十四回公判で証言台に立った中曽根は、三島の気持ちを松陰の遺した次の歌に託している。

行動した作家三島由紀夫。自衛隊市ケ谷駐屯地の本部バルコニーで憲法改正、自衛隊国軍化などを叫び、自衛隊に決起を促したが、失敗して割腹自決をした。

「かくすれば　かくなるものと知りながら　やむにやまれぬ大和魂」

アメリカ密航に失敗した際の作だが、「やむにやまれぬ大和魂」こそが、権力者たちを震撼させた多くの暗殺事件の原因であることを、中曽根は果たしてどの位認識していたのだろうか。

おわりに

実は私は、銃撃された安倍晋三（敬称略。以下同）の選挙区である山口第四区に、かれこれ三十数年来住んでいる。

安倍晋三とは数回、言葉を交わしたことがあった。一度目は平成七年（一九九五）、私が講演を行った東京でのある会合に、来賓として出席していた時のこと。まだ衆議院議員一期目の四十歳、私も二十代の終わりだった。

講演後の立食パーティーで、安倍晋三は自分で皿に盛って来た料理を一人で黙々とつついていた。なんとなく寂しげで、同じ円卓だったので横に行って話しをした。しかし、何を言っても「ハァ、ハァ」と言う程度の返事で、さっぱり面白くない。体調がすぐれなかったのかも知れないが、後から地元の新聞記者に聞いたら、いつもあんな調子だと言っていた。

以後の安倍晋三の大躍進は、あらためて述べるまでもない。その間、何度か言葉を交わすことはあったが（会話というほどではない）、だんだんとその態度は、よく言えば自信に満

ありし日の安倍晋三元首相。

ちてきた感じで、悪く言えば不遜極まりなかったから、あまりいい印象は持てなかった。総理大臣に就任時、山口県からは昭和四十七年（一九七二）に退任した佐藤栄作以来、八人目の総理誕生だったから、県内の官民の大騒ぎは、呆れるほどだったと記憶する（総理になってからは、話したことは無い）。

　ただ、選挙区に住むだけに、虚実さまざまな話が耳に入って来た。その中で「安倍のところに行って、頼めばいい」「安倍に裏から手をまわさせればいい」などと、安倍晋三を利用して横車を押そうとする話を知る機会が、何度かあったのが気になった。大体、そんな話は「まとも」では無いに決まっている。だが、特に行政に対しては、効果てきめんらしい。こうした政治家の利用は、いつでも、どこでもある話だろうが、身近だけに度が過ぎるとの印象を受けたことも否めない。

　万が一、そのようなえこ贔屓、一方的な肩入れに権力を行使していたとしたら、その反対側で理不尽に泣いた者たちがいたはずである。安倍晋三本人は知らなくても、その威を借ることが可能な取り巻きたちは、何の罪も無い他人の人生や生活を、一瞬で破壊したかも知れない。そうした自覚が行政も含めて、やや希薄ではないかと、感じることがあった。

だから、いわゆるモリカケ問題（森友・加計学園問題）や桜を見る会の問題が表面化した時は正直なところ、さもあらんと思ったりした。そして、あの大和西大寺駅前における銃撃事件である。事件後、さまざまな議論がなされ、その人物像が毀誉褒貶《きよほうへん》するのを見ても、安倍晋三がこの国に遺した痕跡の大きさを実感する。ただ、私は最初に話しかけた時の、頼り無さげな安倍晋三の横顔が、なぜか思い出されて仕方なかった。

あれから二十七年、無惨な死を遂げるまでの間に、一体何があったというのだろうか。

事件の翌々日、大和西大寺駅前の銃撃現場を訪ねてみた。ニュースで見たとおり、近くにはテントの中に献花台が設けられ、若者を中心とした献花者の長い列が出来ていた。たまたま献花に来た若いカップルが、頼まれて来たように話していたのを聞いてしまったので、なんとなく不思議な気もしたが、私も哀悼の意を捧げて来た。また、銃撃した山上容疑者は私の知人の住居のすぐ近くに住んでおり（面識は無い）、事件夜の物々しい様子を聞いたりもした。

以来関西に行くたびに数回、事件現場を訪れてみたが（最後は本年三月三日）、半年も経

事件現場は、翌々日も多くの人が花をたむけ冥福を祈っていた。

たないうちに、表面上は「暗殺事件現場」の生々しさなどすっかり消えて、普通の生活感が戻っているように見える。

日本史上、特に幕末維新期における暗殺事件は、ずっと以前から私の研究テーマのひとつだった。三年前には中公新書で、『暗殺の幕末維新史』を書かせてもらったりもした。ところが、少しなりとも言葉を交わしたことがある人物が、元首相とはいえ「暗殺」されるというのは、何とも名状《めいじょう》し難《がた》い気分だ。私の中の衝撃はまだ、当分続きそうである。

「暗殺は卑劣」「暗殺は民主主義の敵」「テロ撲滅」「テロに屈するな」などとお題目のごとく政治家が唱えたところで、事件は起こった。ありきたりな言い方かも知れないが、追い詰められてゆく者たちが社会の片隅にいることに気づかなければ、事件はまた起こってしまうと危惧する。

本稿のもとになる原稿は、事件が起こるずっと以前に書いていたのだが、ある事情から原稿のまま眠っていた。このたび青志社の阿蘇品蔵さんから勧められ、大幅に加筆修正して、出版することになった。

ただ、安倍晋三銃撃事件に関しては執筆時点では公判も開かれておらず、「暗殺史」の中に置くわけにはいかない。だから本篇では、触れなかった。安倍晋三という政治家や銃撃事件が「歴史」になってしまったら、胸のうちに秘めている事も含めて、いつか書く日が来るかも知れない。

令和五年八月

一坂太郎

主要参考文献

本書執筆にあたり、多数の先学の成果を使わせていただいた。あつくお礼申し上げる次第である。それらの書名は本文中に出来るだけ記しておいたが、特に有意義だった文献を次に掲げる。

日本近代史研究会編『写真図説 近代日本史』全十冊 国文社 昭和四十一年
我妻栄他編『日本政治裁判史録』全六冊 第一法規出版 昭和四十三年
河野司編『二・二六事件――獄中手記・遺書』河出書房新社 昭和四十七年
田中二郎他編『戦後政治裁判史録』全五冊 第一法規出版 昭和五十五年
荒原朴水『国士佐郷屋嘉昭（留雄）先生とその周辺』面影橋出版 平成五年
宮永孝『幕末異人殺傷録』角川書店 平成六年
本庄豊『テロルの時代 山宣暗殺者・黒田保久二とその黒幕』群青社 平成二十一年
中島岳志『朝日平吾の鬱屈』筑摩書房 平成二十一年
山口二矢顕彰会編『山口二矢供述調書』展望社 平成二十二年
一坂太郎『暗殺の幕末維新史』中公新書 令和二年

一坂太郎
いちさか　たろう

昭和41年（1966）兵庫県芦屋市に生まれる。大正大学文学部史学科卒業。現在、萩博物館特別学芸員などを務める。最近の主な著書に『暗殺の幕末維新史』（中公新書）、『久坂玄瑞』（ミネルヴァ書房）、『吉田松陰190歳』（青志社）、『わが夫坂本龍馬』（同）、『フカサクを観よ』（同）、『坂本龍馬と高杉晋作』（朝日新書）、『高杉晋作』（角川ソフィア文庫）、『昭和史跡散歩　東京篇』（イースト新書）などがある。『英雄たちの選択』などテレビ出演、講演も多い。日本文芸家協会員。

暗殺の日本近現代史

二〇二三年九月三十日　第一刷発行

著　者　一坂太郎

編集人
発行人　阿蘇品 蔵

発行所　株式会社青志社
〒一〇七-〇〇五二 東京都港区赤坂5-5-9 赤坂スバルビル6階
（編集・営業） TEL：〇三-五五七四-八五一一 FAX：〇三-五五七四-八五一二
http://www.seishisha.co.jp/

印　刷
製　本　中央精版印刷株式会社

ISBN 978-4-86590-160-3 C0095